Differenzierte Diktate: Klassen 3 und 4

Lehrer-Bücherei: Grundschule

Herausgegeben von
Horst Bartnitzky und Reinhold Christiani

Horst Bartnitzky/Christa Fluck/
Hannelore Gräser/Christine Kretschmer

Differenzierte Diktate: Klassen 3 und 4

●

Klassendiktate

●

Tägliche Übungen

●

Beurteilung

6., aktualisierte Auflage

Gedruckt auf chlorfrei gebleichtem Papier
ohne Dioxinbelastung der Gewässer.

Die Deutsche Bibliothek — CIP-Einheitsaufnahme

**Differenzierte Diktate; Klassen 3 [drei] und
4 [vier]:** Klassendiktate — Tägl. Übungen —
Beurteilung / Horst Bartnitzky...
Berlin: Cornelsen Scriptor, 6., aktualisierte Aufl. 1998
(Lehrer-Bücherei: Grundschule)
1. Aufl. im Verl. CVK, Bielefeld
ISBN 3-589-05051-9

NE: Bartnitzky, Horst [Mitverf.]

Dieses Werk berücksichtigt die Regeln
der reformierten Rechtschreibung und Zeichensetzung.

  9.   8.   7.   6. ✓   Die letzten Ziffern bezeichnen
01 2000 99 98   Zahl und Jahr des Drucks.

Umschlagentwurf der Reihe: Studio Lochmann, Frankfurt am Main
Gesamtherstellung: Hans Kock Buch- und Offsetdruck GmbH, Bielefeld
ISBN 3-589-05051-9
Bestellnummer 5 0 5 1 9

INHALT

Vorbemerkung zur 6. Auflage — Wider den Diktatunterricht 7
**Differenzierte Lernkontrollen im differenzierten
Rechtschreibunterricht** *(Horst Bartnitzky)* 8

1. Diktate, die „vom Himmel fallen" 8
2. Arbeitsschritte der Lehrerin/des Lehrers 12
3. Schulrechtliche Aspekte 22
4. Fazit 25

Beispiele 26

1. 22 „Tagebücher" — Ausgangspunkte für die ersten Diktate
   (Christine Kretschmer) 26
2. „Frühstücksdiktate" — Beispiele für regelmäßiges Rechtschreibüben und Diktatschreiben *(Horst Bartnitzky)* 29
3. „Die Schildbürger" — ein differenziertes Klassendiktat im
   Anschluss an den Umgang mit Texten *(Christa Fluck)* 32
4. „Besuch des Flughafens" — selbstständiges Üben, Langzeitbeobachtung und differenzierte Diktate im Anschluss an den
   Sachunterricht *(Hannelore Gräser)* 41
5. „Wörter mit V" — Arbeit an einem Rechtschreibfall mit
   differenzierten Lernkontrollen *(Hannelore Gräser)* 64

Fehleranalysen — eine Planungshilfe für Lehrer und Kinder
(Christine Kretschmer) 70

1. Fehleranalysen als Planungshilfe — Erfahrungen mit einem
   Diagnostischen Rechtschreibtest 70
2. Kinder arbeiten am eigenen Fehlerprofil 79

Literatur 83

Vorbemerkung zur 6. Auflage

Nach-Diktat-Schreiben ist längst kein lebensbedeutsames Ziel der Schule mehr. An seine Stelle sind andere Ziele des Rechtschreibunterrichts getreten: in eigenen Texten Fehler vermeiden, ein Gespür für richtige und falsche Schreibweisen haben, im Zweifel nachfragen, ableiten, nachschlagen. Solche Ziele erfordern auch andere Methoden und Übungen als das Diktatschreiben. Dennoch sind Diktate landauf landab ein beherrschendes Instrument des Rechtschreibunterrichts, häufig in der traditionellen Form, bei der derselbe Text von allen Kindern zur selben Zeit geschrieben wird und bei dem Hilfsmittel, z.b. das Wörterbuch, nicht erlaubt sind.

Die Gründe hierfür sind vielfältig:

... weil Diktatschreiben nach einem allgemein bekannten und akzeptierten Ritual verläuft,

... weil Diktate traditionell zum Rechtschreibunterricht gehören und dies z.b. auch die Eltern so erwarten,

... weil die weiterführenden Schulen von den Kindern das Diktatschreiben-Können als Fähigkeit voraussetzen,

... weil dies in einigen Bundesländern rechtlich vorgeschrieben ist.

Anfang der achtziger Jahre, als intensiver schulpraktisch nach Formen der Differenzierung gesucht wurde, entwickelten Lehrer/innen auch Varianten des traditionellen Klassendiktates. Varianten, die den differenzierten Unterricht auch in den Situationen der Leistungsfeststellung realisierten. Den Leistungsschwächeren sollten ermutigende Erfolge ihrer Anstrengungen möglich sein und die Leistungsstärkeren sollten besonders herausgefordert werden — eben durch differenzierte Diktate. Solche Varianten haben wir in dieser Veröffentlichung zum ersten Mal 1984 vorgestellt. Mehrere Lehrerinnen stellen dabei vor, was sie für ihre Praxis entwickelt haben, und dies ist durchaus unterschiedlich. Deshalb haben wir die Kapitel im Inhaltsverzeichnis namentlich gekennzeichnet.

Dieses Büchlein mag für alle hilfreich sein, die weiterhin Diktate schreiben müssen.

Horst Bartnitzky, im Mai 1998

Differenzierte Lernkontrollen im differenzierten Rechtschreibunterricht

1. Diktate, die „vom Himmel fallen"

Frau Naumann leitet eine Klasse 4. Das Schuljahr ist vier Wochen alt, nun – so meint Frau Naumann – sei es höchste Zeit, ein Diktat zu schreiben. Bis zum Ende der Klasse 3 wurden alle Diktate vorbereitet, zumindest das Wortmaterial war zuvor geübt worden. Im letzten Grundschuljahr müssten die Kinder nun aber an ungeübte Diktate gewöhnt werden, denkt Frau Naumann. Als noch unerfahrene Lehrerin hat sie sich von Kolleginnen verschiedene Diktatsammlungen ausgeliehen: Self-made-Texte, Texte aus Sprachbüchern, Test-Diktate, ein Buch mit Diktatvorschlägen. Sie sucht einen Text, der nicht allzu schwierig, nicht allzu lang (80 Wörter) und zudem spaßig ist.

Das Ergebnis wird eine herbe Enttäuschung – und dies in verschiedener Hinsicht:

– Die Diktierzeit sprengt die Kalkulation der Lehrerin, sodass sie vorzeitig abbricht.
– Dennoch wimmeln die meisten Arbeiten von Fehlern, bei manchen Kindern erreichen sie astronomische Zahlen.
– Selbst sonst sichere Rechtschreiber haben vergleichsweise viele Fehler gemacht.
– Viele Kinder erlebten das Diktat als äußerst schwierig, selbst bei schon häufiger geübten Wortformen waren sie unsicher, bei Schwierigkeiten musste immer wieder geraten werden.
– Viele Eltern waren entsetzt: für so schlecht hatten sie die rechtschreiblichen Fähigkeiten nicht eingeschätzt – und dies ein knappes Jahr vor dem Übergang.

Fazit der Lehrerin: Offenbar war der Rechtschreibunterricht bisher zu wenig effektiv. In den verbleibenden Monaten muss nun intensiver geübt werden um bei ähnlichen Diktaten ähnliche Resultate zu vermeiden.
An diesem Fazit von Frau Naumann ist nur richtig, dass der Rechtschreiberfolg auf Üben angewiesen ist. Ansonsten enthält es falsche und für das Rechtschreiblernen der Kinder verhängnisvolle Einschätzungen und Konsequenzen:
Der Rechtschreibunterricht hat zielerreichenden Lehrgangscharakter, gleich ob er als Lehrgang durchgängig durchgeführt wird oder ob er in Form rechtschreibübender Schleifen in den aktuellen Unterricht integriert wird. Kinder erfahren, dass sich Üben lohnt, überhaupt nur an ihren Erfolgen. Mithin muss der Diktattext aus dem bisherigen Unterricht erwachsen und z. B. den Wortbestand bzw. die rechtschreiblichen Regelungen enthal-

ten, die zuvor gelernt und geübt wurden. Auch so genannte „fremde" Texte müssen entsprechend konzipiert sein.

Sind sie das nicht und konfrontieren sie Rechtschreiblerner (Viertklässler!) mit vielen unvertrauten Wortformen, möglicherweise sogar gehäuft, dann machen sie Rechtschreiblernen zu einem nicht mehr kalkulierbaren Unterfangen. Dies schlägt zurück auf die Motivation vor allem der rechtschreibschwächeren Kinder: sie werden misserfolgsängstlich und unsicher aller Rechtschreibung gegenüber.

Halten wir fest:

> Lernkontrollen bekommen ihren Sinn überhaupt erst unter dem Aspekt: Was kann der Schüler? / Was kann er noch nicht und muss weiter geübt werden?
> Nur von diesem didaktischen „Sitz" her erhalten auch Diktate ihre pädagogische Berechtigung.

Es ist richtig, dass Kinder nicht nur die aktuell gerade geschriebenen Wortformen beherrschen sollen, sondern darüber hinaus alle bereits gründlich erarbeiteten Wortformen (Grundwortschatz) und Wortformen, die vom Grundwortschatz her erschlossen wurden (Regelungen, Transferleistungen). Dementsprechend sollten auch Lernkontrollen nicht nur kurzfristig wortwörtlich vorgeübte Texte enthalten. Das Training des Langzeitgedächtnisses und der Transferfähigkeit erfordert aber, dass Gelerntes regelmäßig wieder aufgegriffen und angewendet wird.

In diesem Sinne gibt es in der Grundschule keine „ungeübten Diktate". Der radikale Bruch von vorgeübten Diktaten zu fremden Texten ist mithin auch didaktisch nicht überlegt.

Halten wir fest:

> Kinder müssen zwar mehr Wortformen schreiben lernen, als sie gerade zuvor geübt haben, doch müssen sich auch diese Anforderungen auf die kontinuierlich aufbauende und übend wiederholende Rechtschreibarbeit beziehen.

Ein entscheidendes Ziel der Rechtschreibarbeit ist die Selbstständigkeit. Da unsere Rechtschreibnorm sich nicht auf ein schlüssiges und widerspruchsfreies Regelsystem bezieht, sondern vielmehr voller Widersprüche und Ausnahmen steckt, lässt sich richtiges Rechtschreiben nicht allein durch logisches Nachdenken bewältigen.

Vielmehr bedarf es der Kombination verschiedener Lösungshilfen: der Erinnerung an das Wortbildschema, der Anwendung einer Regelung, dem Nachsehen in Wörterlisten/im Wörterbuch. Für die rechtschreibliche Selbstständigkeit unabdingbar ist, dass diese Lösungshilfen geübt und im Anwendungsfall genutzt werden müssen — dazu braucht der Rechtschreiblerner Zeit zum Nachdenken und zum Ausprobieren. Ein Diktattext mit vielen fremden Wortformen verunsichert hochgradig: der Schreiber hat nicht die notwendige Zeit zum Nachdenken und Ausprobieren, die Anmutung vieler fremder bzw. schwieriger Wörter lässt den gesamten Text als schwierig erscheinen (deshalb werden auch Wörter falsch geschrieben, die sonst keine Schwierigkeiten bereiten). Die Irritation fördert die emotionale Verspannung und verringert die Fähigkeit, in Ruhe nach Lösungshilfen zu suchen. Stattdessen wenden die Kinder die dem Rechtschreiblernen abträglichste Strategie an um zu einer Schreibweise der Wörter zu kommen: das Raten.

Halten wir fest:

> Der abrupte Wechsel zu „unvorbereiteten Diktaten" verhindert gerade die eigentlich angezielte wachsende Selbstständigkeit. Die häufige Verwendung der Ratestrategie zwingt zur Schreibung oft falscher Wortformen und lässt die angemessenen Lösungshilfen in den Hintergrund treten.

Was, der Einfachheit halber, bisher als „die" Rechtschreiblerner pauschaliert wurde, das sind in Wirklichkeit Kinder mit einem unterschiedlichen Stand an Rechtschreibfähigkeit und wohl auch unterschiedlichen Möglichkeiten, kompetente Rechtschreiber zu werden. Da sind die rechtschreiblichen „Selbstläufer", die auch ohne großes Zutun der Lehrerin/des Lehrers rasch sichere Rechtschreiber werden (woran auch immer das liegen mag). Diesen Kindern kann man selbstverständlich mehr zumuten und abverlangen als anderen, auch ungeübte Texte. Andere Kinder haben in dem erworbenen Wortbestand einige Sicherheit erlangt und wenden auch Lösungshilfen mehr oder weniger selbstständig an. Währenddessen können einige Kinder gerade so weit gefördert werden, dass sie die Wörter des Grundwortschatzes richtig schreiben.
Ein Diktat für alle diese Kinder, zudem noch mit den schon beschriebenen Erschwernissen, kann der Leistungsfähigkeit der Kinder nicht gerecht werden und muss zu Enttäuschungen und Frustrationen bei Kindern, Lehrerinnen und Eltern führen. Wenn Leistungskontrollen den individuellen Lernfortschritt der Kinder feststellen sollen (siehe 1. Kasten), dann müssen sie dies individueller tun, als es mit den herkömmlichen „Klassendiktaten" möglich ist. Darüber hinaus dürfen Lernkontrollen nicht das Lernen ins Gegenteil verkehren: verunsichern, wo Sicherheit schon angelegt war, entmotivieren, wo Motivation und Förderung der Übungsbereitschaft tägliche Bemühung der Lehrerin war.

Wir halten fest:

> Die individuell unterschiedliche Entwicklung der Rechtschreibfähigkeiten macht differenzierte Lernkontrollen möglich um Rückschlüsse auf das individuelle Lernen ziehen und zum weiteren Lernen ermutigen zu können.

Die Rechtschreibleistungen stehen (sicher unverdient, aber nach wie vor ungebrochen) mit an der Spitze der Wahrnehmung von Schulleistung durch die Öffentlichkeit, damit auch der Eltern. Auch deshalb ist es notwendig, in diesem Bereich mit besonderer Umsicht zu arbeiten und hausgemachte spektakuläre Misserfolge zu vermeiden. Der Druck von außen, der dann zwangsläufig auftritt, ist nur schwer wieder zu dämpfen. Zumeist verstärkt er nur das oft unnötig schlechte Gewissen der Lehrerin und fördert ein Unterrichtskonzept, das mehr auf gymnasiale Vorleistungen setzt als auf grundschulgemäße Förderung. Wichtig ist deshalb neben einem systematisch aufbauenden Rechtschreibunterricht auch seine fachbewusste Vertretung „nach außen", wobei die Eltern auch für differenzierte Klassenarbeiten zu gewinnen sind. Erfahrungsgemäß bejahen die Eltern ein Konzept, bei dem die Kinder ihren Fähigkeiten entsprechend gefördert und zum weiteren Lernen und Üben ermutigt werden.

Wir halten fest:

> Gerade der hohe Aufmerksamkeitswert, den die Rechtschreibung genießt, mach nötig, dass die Eltern Einblick in die kontinuierlich aufbauende, individualisierte Rechtschreibarbeit gewinnen. Nur wo dies nicht geschieht oder auch wo der Unterricht nicht diese Qualität hat, ist Platz für überzogene Elternforderungen, die dann allerdings erheblichen Druck ausüben können — wiederum oft zu Lasten des Rechtschreibunterrichts.

Mithin: Was ist unser Fazit?

Diktate, die „vom Himmel fallen", sind pädagogischer Unfug. Wie Lernkontrollen im Rechtschreiben aus dem Unterricht erwachsen, wie sie didaktisch konzipiert und verwendet werden können, das soll im Folgenden konkret und an Beispielen aus den Klassen 3 und 4 gezeigt werden.
Dabei haben die Lernkontrollen für uns immer diese *pädagogische Doppelfunktion:*
— die *diagnostische Funktion* (was hat das Kind gelernt, wo hat es noch Schwierigkeiten?)
— *die ermutigende Funktion* (wie kann bestätigt werden, dass sich Anstrengung lohnt, welche Lernperspektive wird eröffnet?)

2. Arbeitsschritte der Lehrerin/des Lehrers

Lernkontrollen, so resümierten wir, haben zwei pädagogische Funktionen: die diagnostische und die ermutigende Funktion. Damit liegen didaktischer Stellenwert und Platz im Arbeitsprozess der Lehrerin/des Lehrers fest. Den Arbeitsprozess im Rechtschreibunterricht gliedern wir in fünf Arbeitsschritte:

Schritt 1:   Die Ziele werden festgelegt.
Schritt 2:   Der Unterricht wird in gemeinsamer und in differenzierter Arbeit durchgeführt.
Schritt 3:   Die individuellen Lernprozesse und Lernerfolge werden festgestellt.
Schritt 4:   Die Lernprozesse und Lernerfolge werden bewertet.
Schritt 5:   Die Konsequenzen werden für den weiteren Unterricht gezogen.

Sehen wir uns die fünf Arbeitsschritte im Einzelnen an:

Festsetzung der Ziele

Der Rechtschreibunterricht hat zielerreichenden Lehrgangscharakter.

● er setzt die Ziele einer Unterrichtseinheit so, dass alle Schüler zu Erfolgen kommen können (möglicherweise sind dies auch unterschiedliche Ziele)
● er baut mit den Zielen auf dem bisher Erarbeiteten auf
● er übt das bisher Erarbeitete regelmäßig weiter

Konkret ist zu fragen:

— Geht es um die Übung der schon eingeführten Wörter, geht es um neue Grundwortschatz-Wörter, die aus dem laufenden Unterricht heraus gewonnen, gesammelt, durchgegliedert, in verschiedenen Sinnzusammenhängen angewendet werden sollen?
— Geht es um die Erfassung bestimmter Regelungen und um Transfer? (Großschreibung, Zeichensetzung, Ableitungsmöglichkeiten, Gliederung von Wörtern in Bausteine, Silbentrennung, Mehrheitsregeln: z. B. die meisten Wörter mit langem /i:/ werden mit ie geschrieben)
— Geht es um die Erweiterung der Selbstständigkeit? (Nachschlagen, Fehlerkorrektur, Selbst- und Fremdkontrolle)

In der Regel wird man schon bei der Zielsetzung differenzieren müssen. Zum Beispiel: Rechtschreibschwache Schüler werden zumindest auf den zahlenmäßig begrenzten Grundwortschatz hin gefördert (schreiben, durchgliedern, anwenden, übertragen auf gleiche Rechtschreibfälle), die anderen Schüler schreiben und üben weiteres Wortmaterial, gliedern in Bausteine, suchen und bilden analoge Wörter.

Unterrichtsarbeit — gemeinsam und differenziert

Entsprechend den Zielen wird der Unterricht durchgeführt: sei es im Zusammenhang mit anderem Unterricht (schriftlicher Sprachgebrauch, Umgang mit Texten, Sachunterricht, Projekt), sei es in kursartiger Unterrichtsorganisation (Bearbeitung eines bestimmten Rechtschreibfalls, individuelle Arbeit an einer Schwierigkeit).
Dabei brauchen schwache Schüler mehr Lernzeit, mehr Lehrerhilfen, anderes Übungsmaterial.

— Regelmäßige Rechtschreibarbeit ist eine Voraussetzung für erfolgreiche Arbeit: tägliches Schreiben in sinnvollen Verwendungssituationen, Gewinnen von Wortmaterial, tägliche Übung („Frühstücksdiktat"), klare Schriftbilder an der Tafel und auf Arbeitsblättern, regelmäßige Selbstkontrolle (in Wortlisten, im Abc-Heft, im Wörterbuch . . .).
— Abc-Hefte oder Karteikarten helfen, die Grundwortschatzwörter zu sammeln.
— Eine eigene Rechtschreibkartei oder kommerzielles Material helfen beim differenzierten und weitgehend selbstständigen Üben.
— Feste Regelungen wie Übungsstunde, Arbeit nach Wochenplan, Freie Arbeit schaffen dem Lehrer die Zeit mit einzelnen Kindern/einer Gruppe konzentriert zu üben.

Differenzierte Lernkontrollen

Im laufenden Unterricht stellt der Lehrer ständig Leistungsstand, Fortschritte und besondere Schwierigkeiten der Schüler fest. *Schriftliche* Lernkontrollen ergänzen diese Feststellungen:
Dabei spielt das so genannte *„Klassendiktat"* eine besondere Rolle.
Die Praxis ist alt; genauer: sie reicht bis ins Mittelalter. Dort allerdings hatte sie Sinn: war das Diktatschreiben doch bei vielen Schreibkundigen die tägliche Praxis. Je mehr allerdings Texte vervielfältigt werden konnten, umso kleiner wurde die Zahl der Menschen, die nach Diktat schreiben.
Je mehr Gesichtspunkte wie: Lernen von Selbstständigkeit, Förderung der Kreativität die Ziele der Schule bestimmen, umso stärker kamen auch im Rechtschreibunterricht andere Ziele als „nach Diktat zu schreiben" in den Blick:

- Rechtschreiben im Dienste des selbstständigen Schreibens (und nicht als Eigenwert)
- rechtschriftliche Sicherung eines Grundwortschatzes (Auf- und Ausbau eines Klassenwortschatzes)
- Erfassung von rechtschreiblichen Regelungen und Transferlernen
- Selbstständigkeit (Nachsehen, Nachschlagen, Selbst- und Partnerkontrolle)

Zum geringeren Teil lassen sich diese grundlegenden Aspekte durch Diktatschreiben lernen oder überprüfen.

Dennoch: Allen Reformen der Vervielfältigungspraxis und der didaktischen Ziele zum Trotz hält sich in der Schule die Diktatpraxis. Liegt es daran, dass sie eine so ehrwürdige Tradition hat? Dass auch die außerschulische Umwelt sie wertschätzt, die Industrie- und Handelskammer eingeschlossen? Wie dem auch sei — Diktate gehören zum Instrumentarium der Lernkontrollen und müssen in einigen Bundesländern immer noch durchgeführt werden.

Differenzierte Anforderungen und differenziertes Lernen erfordern aber in jedem Fall differenzierte Diktate, auch Klassendiktate, bei denen die Differenzierung oberflächlich gesehen sich auszuschließen scheint: geht es doch hier um gleiche Anforderungen zur selben Zeit an alle Schüler — so das traditionelle Verständnis. Andere Wege werden seit geraumer Zeit aber in vielen Klassenzimmern erprobt:

Einige Lehrer/innen berichten von Versuchen, die Anforderungen der Klassenarbeiten zu differenzieren: rechtschreibschwache Schüler schreiben nur den ersten Teil des Diktats mit, in dem die besonders intensiv geübten Wörter vorkommen, oder erhalten denselben Diktattext als Lückentext, in dem nur bestimmte Wörter eingetragen werden. Bei leistungsschwachen Schülern wird nur der Teil der Arbeit zensiert, der die unverzichtbaren Anforderungen enthält bzw. bei dem sie zu Erfolgen gekommen sind. Haben sie hier (fast) fehlerlose Ergebnisse, erhalten sie die Note: ausreichend. Andere Lehrer/innen halten diese Zensur für die Bewältigung der grundlegenden Anforderungen für zu niedrig und erteilen dann: befriedigend.

Haben Kinder im Text für rechtschreibstärkere Schüler zu viele Fehler, dann wird nur der Teil der grundlegenden Anforderungen gewertet.

Die beiden Fassungen können auch zu verschiedenen Zeiten geschrieben werden, z. B. im Förderunterricht, während der Arbeit am Wochenplan. Besonders rechtschreibschwache Kinder schreiben Klassendiktate gar nicht mit, vielleicht schreiben sie den Text ab — ohne Fehler.

Beispiel (Klasse 3)

Unterrichtlicher Zusammenhang:

Gespräche über die Ferien, freie Aufsätze,
Rechtschreiben: Wortfamilie „baden",
Erweiterung des Grundwortschatzes zum Thema Ferien und Badeerlebnisse

Diktattext mit den grundlegenden Anforderungen
(Grundwortschatzwörter kursiv)

Unser Sommer

Der Sommer war in diesem Jahr / *heiß* und *trocken*.
Wir gingen oft ins *Freibad*. / Schon am Morgen / *packten* wir unsere *Badetaschen*.
Wir mussten an viele Dinge denken: / *Badehose, Bikini* und *Badekappe,* / *Handtuch, Decke* und *Badeschuhe*.

Texterweiterung als zusätzliche Anforderung

Kaum waren wir im Freibad angekommen, / kauften wir uns ein großes, leckeres Eis. Dann zogen wir uns schnell um, / kühlten uns ab / und sprangen ins kalte Wasser. Wir schwammen, kraulten / und tauchten um die Wette.

Zusatzfrage als Angebot frei zu schreiben

Was hast du in den Sommerferien am liebsten gemacht?

Mithin lassen sich als Grundsätze für differenzierte Diktate festhalten:

● *Differenzierte Diktate,*
   so angelegt, dass alle Schüler zu Erfolgen kommen können, durch:
   — strikte Orientierung an dem, was im Unterricht gelernt und geübt wurde
   — differenziertes Üben vorher
   — Festlegung eines Teils/einer Fassung mit den grundlegenden Anforderungen
   — Festlegung eines anderen Teils/einer anderen Fassung mit schwierigeren Passagen
   — evtl. unterschiedliche „Diktat-Zeit"
   ergänzt durch
● Aufgaben zum individuellen freien Schreiben und zum Schreiben eigener Wörter

---

Inhaltlich stehen die Diktate im unterrichtlichen Zusammenhang; sie sind also immer zuvor geübt, wenn auch in unterschiedlicher Art und Weise:

a) Der Diktattext ist genau so vorher geübt worden.
b) Der Diktattext enthält Variationen (Kürzung, Umstellungen, geringfügig andere Wortwahl).
c) Der Diktattext ist aus den Inhalten und mit dem Wortmaterial des Unterrichts neu zusammengestellt.
d) Der Diktattext ist inhaltlich neu, enthält aber das zuvor geübte Wortmaterial (Grundwortschatz).
e) Der Diktattext ist inhaltlich neu, enthält aber die zuvor geübten Rechtschreibfälle (z. B. Ermitteln des Endbuchstabens durch Verlängern).

Doch sind wir hier im Grenzbereich des Noch- oder Nicht-mehr-Pädagogischen angelangt: Bei der herausgehobenen Situation ritualisierter Klassenarbeiten können viele Schüler ihre Leistungsfähigkeit nicht zeigen, die sich aber in den Situationen täglicher Arbeit beobachten lässt: die Anstrengungsbereitschaft, den Eifer beim Nachschlagen, die Richtigschreibung von frei gewählten Wörtern, den Erfolg bei der Bearbeitung einer Rechtschreibkarte, die kleinen Fortschritte . . .

Hieraus können wir ein breites Repertoire an Möglichkeiten für *Lernkontrollen im täglichen Rechtschreibunterricht* gewinnen, z. B.:

- Abschreiben, auch Einsetzen in Lücken
- Eigen- und Fremdkontrolle (mit Hilfe von Wörterlisten, Abc-Heft, Wörterbuch, Textvorlage)
- Fünf-Minuten-Niederschrift (Schüler schreiben 5 Minuten lang alles auf, was sie mit Sicherheit richtig schreiben können. Für jedes richtig geschriebene Wort gibt es einen Punkt.)
- freies Schreiben
- Zusammenstellen von Wortlisten/Wortfeldern/Wortfamilien
- Nachschlagen

Auch die Form des *Diktats* hat mehr sinnvolle Varianten zu bieten als das herkömmliche Klassendiktat.

Formen:
- Wörterdiktat in Form einer Wortliste
- Wörterdiktat in Form des Lückendiktats
- Satzdiktat

Empfangsweise („Wahrnehmungskanal")
- optisches Diktat (Wortbilder einprägen, schreiben, kontrollieren)
- akustisches Diktat (anhören, aufschreiben)
- Mischform

Einsatzmöglichkeiten:
- Selbstdiktat (ansehen, abdecken, schreiben, kontrollieren)
- Partnerdiktat
- „Frühstücksdiktat" (tägliches Kurzdiktat mit Selbstkontrolle, als Fehler wird nur gezählt, was nach der Kontrolle noch stehen geblieben ist), am Ende der Woche zusammengefasst zum „Wochendiktat"

Leistungsfeststellung

Beim Nachsehen stellt der Lehrer fest, wie viel der einzelne Schüler geleistet hat, dann: wie viel falsch ist und was daran falsch ist.
Je nach Rechtschreibsicherheit der Schüler werden Fehler unterschiedlich markiert:

— Auslöschen der Fehlerwörter
— Korrektur
— Fehlermarkierung am Zeilenrand

(Auf keinen Fall durch rote Unterstreichung optisch den Fehler auch noch hervorheben.)
Soll der Schüler seine Arbeit individuell nacharbeiten („Berichtigung"), müssen differenzierte Zeichen verwendet werden, z. B.:

W = satzunabhängige Wortfehler: mehrfaches Schreiben des Wortes, Aufnahme in eine individuelle Übungskartei, Zusammenstellen der Wortfamilie

S = Satzfehler: Schreiben des ganzen Satzes, Markieren der kritischen Stelle

R = Regelfehler: Richtigstellung und Begründung (evtl.: mündlich), Bearbeitung einer entsprechenden Rechtschreibkarte, Aufschreiben analoger Fälle

Diese Unterscheidung von Fehlerarten ist Ergebnis einer Fehleranalyse: in unserem Fall wurden Wort-, Satz- und Regelfehler unterschieden. In der Literatur werden verschiedene Analyseraster angeboten, die „Fehlertypen" jeweils zusammenfassen. Für den jeweiligen Rechtschreibunterricht kann nur eine Unterscheidung von Fehlertypen sinnvoll sein, die sich auf den Stand des Rechtschreiberwerbs des einzelnen Kindes bezieht, sodass eine Aussage dazu möglich ist, was und wie beim Kind besser/intensiver geübt werden muss (weil dies standardisierte Tests nicht leisten, befriedigen die vorliegenden Rechtschreibtests auch nicht).

Schreibt ein Kind das Wort „Bäume" mit eu, dann kann dies nur als *Regelverstoß* (Ableitung: Baum — Bäume) eingeschätzt werden, wenn das Kind bereits intensiv Ableitungen in solchen Fällen geübt hat. Wurde das Wort „Bäume" bisher nur als einzelnes Wort geschrieben, dann liegt ein *Merkfehler* vor, dem möglicherweise eine fehlerhafte Durchgliederung (optische Analyse) zu Grunde liegt. Andererseits kann sich der Lehrer nunmehr vornehmen, die Regelhaftigkeit dieses Falles bewusst zu machen.

Ein anderes Beispiel: Schreibt ein Kind statt „kommst du": „kommse", weil in der Region so gesprochen wird, dann ist dies nur dann ein *phonetischer Wahrnehmungsfehler*, wenn im Unterricht zuvor die standardsprachliche Lautung in diesem Fall geübt wurde. Ist dies nicht der Fall, dann fehlen die Schreibweisen der beiden Wörter „kommst" und „du", bzw. es war der Wortinhalt unklar, sodass das Kind keine Verbindung zu den beiden Wörtern schaffen konnte.

Als hilfreich hat sich in dieser situativen Verwendung die folgende Klassifizierung gezeigt:

● *Merkfehler* (Falschschreibung von häufig bereits geübten Wörtern des Grundwortschatzes bzw. von Wörtern, die durch Einprägen zu lernen sind)

● *Wahrnehmungsfehler* (Falschschreibung von Wörtern, die durch Abhören bzw. genaues Hinhören vom Kind richtig geschrieben werden könnten)

● *Regelfehler* (Falschschreibung von Wörtern, die durch Anwendung einer bekannten Regel durch das Kind richtig geschrieben werden könnten)

(Neben den Beispielen siehe besonders das letzte Kapitel: Fehleranalyse — eine Planungshilfe für Lehrer und Kinder).

Bewertung

Die bisherigen Ergebnisse der Leistungsfeststellung sind objektivierte Fakten, die noch nicht die Lernanstrengung und den Lernerfolg des einzelnen Kindes würdigen und insgesamt den Lehr- und Lernerfolg in Bezug auf eine Lerngruppe bewerten.
Soweit keine Zensuren erteilt werden müssen, stellt der Bewertungsschritt keine sonderlichen Probleme: der individuelle Lernerfolg kann festgestellt und dem Kind mit einer entsprechenden Kommentierung mitgeteilt werden („Du hast gut gelernt!" — „Du hast diesmal mehr Wörter als letztes Mal richtig geschrieben. Weiter so!" — „Warst du zu aufgeregt? Wir werden gründlich üben, dann ist die Aufregung gar nicht nötig.")
Zum besonderen pädagogischen Problem wird die Bewertung, wenn Zensuren erteilt werden müssen, denn auch dann muss die ermutigende Funktion von Lernkontrollen berücksichtigt werden.
Sichere (und fast sichere) Rechtschreiber beziehen ihre Ermutigung aus ihren Erfolgen. Schwache Rechtschreiber haben demgegenüber nur bescheidene oder keine Erfolge.
Erhalten sie regelmäßig „mangelhaft" (oder schlechter), dann wirkt dies mit Sicherheit entmutigend auf sie zurück. Was nützt die Anstrengung, wenn zwar 5 Fehler weniger gemacht werden (statt 16 nun 11), das Ergebnis aber immer noch mangelhaft ist?

Kurz: *Gute Zensuren machen Kinder noch besser, schlechte Zensuren Kinder noch schwächer.*

Und dabei hängt gerade für die Rechtschreibleistung bei Kindern, denen dieser Bereich schwerer als anderen fällt, *alles* davon ab, dass sie erfahren:

— Üben bringt Erfolg
— Anstrengung lohnt sich
— ich kann etwas

Betrachten wir unter diesem Gesichtspunkt die verschiedenen Zensierungsregelungen:

Die formalistische Regelung

Man lege ein generell geltendes Raster fest: 0 Fehler „sehr gut", 1 bis 2 Fehler „gut", 3 bis 4 Fehler „befriedigend" usw. Gehört man zu den milder urteilenden Lehrern, dann fasse man die Fehlerbündel entsprechend größer. Dirk bekäme mit 8 Fehlern beim strengen Lehrer „mangelhaft", beim milder urteilenden Lehrer „ausreichend".

Dieses Verfahren hat einen großen Vorteil: Es ist leicht zu handhaben und es hat einen Anschein von Gerechtigkeit, weil prinzipiell mit gleicher Elle gemessen wird — unabhängig von der Art des Diktats, von den Lernhilfen, den besonderen Schwierigkeiten, den persönlichen Anstrengungen des einzelnen Kindes. *Gerade dies alles macht es aber so ungerecht. Mehr noch in seinem primitiven Formalismus verbürokratisiert es die Leistungsbeurteilung und schafft Distanz zum Schüler, wo Engagement nötig wäre.*

Die selektierende Regelung

Man gehe davon aus, dass es in jeder Klasse leistungsschwache und leistungsstarke Schüler gibt; den leistungsstarken gebe man die guten, den leistungsschwachen die schlechten Zensuren. Dabei orientiere man sich an der sog. Normalverteilung: ca. 20 Prozent erhalten „gut" oder „sehr gut", 30 Prozent „befriedigend", 30 Prozent „ausreichend", 20 Prozent „mangelhaft" oder „ungenügend". Variante: Wenn der Lehrer feststellt, in der Klasse gibt es besonders viele „Leistungsspitzen", viele sog. schlechte Schüler, das Mittelfeld aber fehlt, dann werden die Prozentsätze entsprechend eingerichtet.

Für Dirk mit seinen 8 Fehlern hinge es jetzt davon ab, in welcher Klasse er sich befindet: Hat er Glück, dann sind viele Schüler noch schwächer als er, dann nämlich bekäme er mit einiger Sicherheit „ausreichend" (auch „befriedigend" ist denkbar); hat er Pech, dann gehört er zu den rechtschreibschwächsten in der Klasse. Das „Mangelhaft" ist ihm in diesem Fall gewiss.

Auch diese Regelung ist leicht zu handhaben und hat einen Anschein von Gerechtigkeit, weil es von der verbreiteten und vielfach akzeptierten Theorie ausgeht, dass es überall diese Streuung gibt; viel Mittelmaß, wenig darüber, etliche darunter — unabhängig von der Art der abverlangten Leistung, unabhängig davon, wie die Gruppe jeweils zusammengesetzt ist, wie intensiv gelehrt und gelernt wurde. Gerade dies aber macht es so ungerecht.

Diese Regelung ist selektiv, weil sie per Automatik der Prozentsätze Schulversager produziert, die damit in die Zone negativer Selektion geraten, und dies als Dauereffekt. Denn Rücktritt, Sitzenbleiben, Sonderschulüberführung verringern zwar zunächst die Zahl dieser Schüler; da der Prozentsatz aber bleibt, rücken andere Schüler in die negative Selektionszone nach. Schülerbeurteilung ist damit Instrument andauernder Auslese. Der Lehrer wird zum Berufspessimisten: *Er traut weder der Lernfähigkeit der Schüler noch der eigenen Lehrfähigkeit über den Weg — wo doch eigentlich pädagogischer Optimismus zur Grundausstattung des Lehrers gehören muss.*

Ermutigende Regelung

Man mache zum Prinzip, dass Leistungsbeurteilung nicht verurteilen darf, dass sie bei den individuellen Anstrengungen und Fortschritten ansetzen und für jeden Schüler weiteres Lernen eröffnen muss. Für die Zensurenfindung kann hierbei allerdings niemand mit Faustregeln, Zuordnungsrastern oder Prozentsätzen dienen.

Hier hilft nur die strikte Orientierung an dem, was die Kinder tatsächlich leisten können. Da dies wohl in jeder Klasse bei den verschiedenen Kindern Unterschiedliches ist, müssen die Lernkontrollen selbst differenziert werden. Wie das gemacht werden kann, wurde schon beschrieben.

Zensuren müssen allerdings in einer Klasse auf eine gemeinsame Anforderungsskala bezogen werden; individuelle Zensuren sind schulrechtlich nicht haltbar und den Eltern auch nicht plausibel zu machen. Hier stößt sich das pädagogische Prinzip (individuelle Beurteilung) mit der bildungspolitischen Realität (Forderung nach Vergleichbarkeit, nach justiziablen Grundlagen zur Auslese).

Solange dies so ist, müssen wir mit Behelfen leben:

- Die grundlegenden Anforderungen werden so gesetzt, dass die schwächeren Kinder sie mit der notwendigen zusätzlichen Hilfe auch erreichen können.
  Schaffen sie das (fast) fehlerlos, erhalten sie „befriedigend", bei einigen Fehlern „ausreichend". Ist ihnen auch das nicht möglich, muss wohl „mangelhaft" gegeben oder die Zensierung ausgesetzt werden. Dann allerdings ist es höchste Zeit, nach den Ursachen zu fahnden.
- Für rechtschreibsichere Kinder enthalten die Diktate über die grundlegenden Anforderungen hinaus weitere, schwierigere Wortformen, Transferleistungen usw. Sie erhalten bei (fast) fehlerloser Leistung „sehr gut", bei einigen Fehlern „gut". Enthält der Text mehr Fehler, dann wird bei diesem Kind nur der Textteil der grundlegenden Anforderungen gewertet.

Mit allem Vorbehalt lässt sich dieser Vorschlag in folgendes Schema bringen:

	grundlegende Anforderung (einfacher Text, I. Textteil, Lückentext . . .)	erweiterte Anforderung (schwieriger Text, Langtext . . .)
sehr gut	—	(fast) kein Fehler
gut	—	einige Fehler
befriedigend	(fast) kein Fehler	—
ausreichend	einige Fehler	—
mangelhaft	viele Fehler	—
ungenügend		—

Diese Regelung ist angesichts der Zensierungsauflage ausgedacht und ist ein Behelf, um auch bei der Verwendung von Zensuren noch pädagogisch handlungsfähig zu sein.
Sie ist das Grundmodell für die Zensurengebung in den Praxisbeispielen, wird dort aber der Situation entsprechend abgewandelt. So wird es erweitert, wenn mehr als zwei Anforderungsebenen festgelegt werden, weil das Leistungsspektrum der Klasse sehr breit ist.
Grundlagen zur Leistungsbewertung im Rechtschreiben sind dann:

● die täglichen Rechtschreibleistungen
● die Ergebnisse der differenzierten Klassendiktate
● die Ergebnisse anderer schriftlicher Arbeiten zum Abschreiben, zum Nachschlagen, zum Begründen von Schreibweisen.

Konsequenzen für den weiteren Unterricht

Aus der Leistungsfeststellung und der -bewertung ergeben sich ihrer diagnostischen Funktion gemäß Konsequenzen für den weiteren Unterricht: Was ist gesicherter Besitz (und muss nebenbei weiterhin mitgeübt werden)? Wobei gibt es noch Unsicherheiten (und muss intensiv geübt werden)? Was wird noch nicht gekonnt (und muss nachgearbeitet werden)?
Diese Konsequenzen können einzelne Kinder, aber auch die ganze Klasse betreffen.

3. Schulrechtliche Aspekte

Die Folge der bisherigen Vorschläge ist, dass nicht das arithmetische Mittel der Diktatnoten die Rechtschreibleistung bewertet, sondern verschiedene Leistungen im Bereich Rechtschreiben. Diktate sind dann nur ein Beleg neben anderen. Außerdem nehmen Diktate andere Formen an, als sie das traditionelle Klassendiktat mit dem „einen Text für alle Kinder zu selben Zeit" meint. In Diskussionen mit Lehrer/innen und Schulleitungen wird dann häufig die Frage gestellt, ob solche Relativierung des Diktates und Modifizierungen der traditionellen Form rechtlich zulässig sind. Die Antwort vorweg: Sie sind es in allen Bundesländern, auch wenn einige schulrechtliche Regelungen voneinander abweichen.

Müssen Diktate überhaupt sein?

Nur in fünf von sechzehn Bundesländern sind Diktate zur Leistungsüberprüfung im Rechtschreiben vorgeschrieben, nämlich in Berlin, Bremen, Rheinland-Pfalz, Sachsen-Anhalt und im Saarland. Aber auch in diesen Bundesländern wird zumeist auf das Differenzierungsgebot verwiesen. In allen anderen Bundesländern sind zwar Klassenarbeiten im Fach Deutsch vorgesehen, die Art der Konzeption und Ausführung ist aber freigestellt. Zum Beispiel müssen in Baden-Württemberg ab Klasse 3 zehn Deutscharbeiten geschrieben werden, davon sollen fünf Aufsätze sein, in Brandenburg sollen Arbeiten in Rechtschreiben oder Texte-Verfassen geschrieben werden, in Hessen nicht mehr als 6 Deutscharbeiten, in Nordrhein-Westfalen eine nicht genannte Zahl schriftlicher Arbeiten im Fach Sprache, in Sachsen sollen zwar Arbeiten im Rechtschreiben geschrieben werden, aber weitere Modalitäten soll die Fachkonferenz der Schule entscheiden.

In den meisten Bundesländern ist das Rechtschreiben auch kein auf dem Zeugnis eigens zensierter Fachbereich; damit eröffnen sich für die Gewichtung und den schriftlichen Nachweis über die Beobachtungen aus dem Unterricht hinaus weitere Freiräume. In Nordrhein-Westfalen ist das Rechtschreiben ab Klasse 3 zwar in allen Zeugnissen ein eigener Bewertungsbereich, aber gerade hier sind, wie eben schon dargestellt, schriftliche Arbeiten speziell zum Rechtschreiben gar nicht explizit vorgeschrieben, erst recht nicht deren Form.

Schon hieran ersieht man, dass die Realität trügt: Diktate müssen oft gar nicht sein und wo sie sein müssen, lassen sie Spielraum für differenzierende Varianten. Es ist wie so oft: Der rechtliche Rahmen ist weiter gesteckt als viele annehmen. Dies lohnt auf jeden Fall eine Durchsicht der Rechtsvorschriften zu den Lernkontrollen im jeweiligen Bundesland, bevor man daran geht, über Konzepte allein oder im Kollegium weiter nachzudenken.

Welche Bewertungsgrundlagen werden zur Leistungsbewertung herangezogen?

Die Antwort ist für alle Bundesländer gleich: Für die Leistungsbewertung sind alle Leistungen der Schüler heranzuziehen, die im jeweiligen Fach erbracht werden. Beim Rechtschreiben sind dies die täglichen Rechtschreibleistungen beim Abschreiben, beim Nachschreiben und beim Schreiben eigener Texte, beim Üben von Wörtern und beim Begründen für Schreibweisen, beim Fehlerfinden und beim Nachschlagen. Dazu kommen schriftliche Arbeiten, die speziell zur Leistungsfeststellung geschrieben werden, z. B. Aufgaben zum Nachschlagen und möglicherweise Diktate.

Natürlich muss dies gerade auch den Eltern erklärt werden, denn sie erwarten in der Regel vom Diktat den alleinigen Aufschluss über die Rechtschreibleistung ihres Kindes. Angesichts der (überzogenen) gesellschaftlichen Wertschätzung des Rechtschreibens ist deshalb die besondere Aufmerksamkeit, die dem Diktat zukommt, nicht verwunderlich. Hier hilft nur Aufklärung.

Welche Bewertungsmaßstäbe gelten?

In den Anfangsklassen gilt in allen Ländern vorrangig der individuelle Maßstab. Hierbei wird gefragt, was das Kind dazugelernt hat. Der Maßstab liegt also im Kind, Fortschritt ist Fortschritt des Kindes selbst. Spätestens mit der Einführung der Zensuren wird der anforderungsbezogene Maßstab bestimmend. Dabei gilt als Kriterium für Erfolg, inwieweit ein Kind die geltende Anforderung, das gesteckte Ziel erreicht hat. Wurden z. B. bestimmte Grundwortschatzwörter intensiv geübt, dann gilt deren richtige Schreibweise als Anforderung, wurde die Operation des Verlängerns geübt, dann gilt sie als Anforderung. Der nach wie vor wichtige individuelle Maßstab kann zur Differenzierung der Anforderungen führen (siehe z. B. Schema S. 21) und zu individuellen Rückmeldungen an das Kind zusätzlich zur Zensur. Das ist in vielen Fällen pädagogisch nicht befriedigend, aber durch das Zensurensystem bedingt.

Diese Festlegung auf den anforderungsbezogenen Maßstab ist durch die in allen Bundesländern geltende Zensurendefinition gegeben. Dort sind die Anforderungen der alleinige Bezugspunkt. „Sehr gut" wird erteilt, wenn die Leistung den Anforderungen im besonderen Maße entspricht; „Gut", wenn sie den Anforderungen voll, und „Befriedigend", wenn sie den Anforderungen im Allgemeinen entspricht; bei „Ausreichend" weist die Leistung zwar Mängel auf, doch entspricht sie im ganzen noch den Anforderungen. Leistungen, die den Anforderungen nicht entsprechen, werden mit den Noten „Mangelhaft" oder „Ungenügend" belegt.

Pädagogisch widersinnig und schulrechtlich unzulässig ist der vergleichsbezogene Maßstab. Hierbei werden die Leistungen der Kinder in einer Klasse miteinander verglichen und in eine Rangfolge gebracht. Früher wurden so die Klassenarbeiten für die Rückgabe sortiert, der Beste erhielt seine zuerst, der Schwächste seine zuletzt; noch früher wurden die Kinder in den Schulbänken nach ihrem Rangplatz gesetzt. Heute werden die Zensuren z. T. immer noch als Bündelung der Rangplätze verstanden: wenige bekommen gute Noten, viele erhalten Mittelplätze, wieder weniger schlechte Noten. Dies ist das System der sog. „Normalverteilung". Es ist auch wirksam, wenn bei der ersten Durchsicht einer Arbeit kaum schlechte Noten dabei sind und dann bei einer zweiten Durchsicht strenger bewertet wird, um dem Verteilungssystem zu entsprechen. Oder wenn eine Lehrerin sagt, in ihrer Klasse gebe es abweichend von der normalen Verteilung wenige gute und mittelmäßige Schüler aber viele „schlechte". Immer hat der vergleichsbezogene Maßstab zum Prinzip, dass es in der Klasse eine Leistungsspitze und Versager geben muss, gleichgültig, wie gelernt wurde. Das ist pädagogischer Fatalismus, der statt an Lernerfolgen für alle interessiert zu sein, Erfolg und Versagen als naturgegeben voraussetzt. Wegen dieses inhumanen und a-pädagogischen Konzepts ist der vergleichsbezogene Maßstab schulrechtlich überall unzulässig. Warum er dennoch praktiziert wird? Weil er so simpel zu realisieren ist? Weil er von der Verantwortung für die Festlegung des Anforderungsmaßstabs enthebt? Weil er wie eine Bundesligatabelle allgemein verständlich funktioniert?

4. Alternativen zum Diktat

— Diktate werden von den Kindern selbst kontrolliert und womöglich korrigiert. (Die Kinder erhalten nach dem Diktat Gelegenheit, mit einer Wörterliste oder dem Wörterbuch zu arbeiten. Oder: Die Lehrerin streicht Zeilen, in denen sich Fehler befinden, an, die Kinder suchen ihre Fehler und korrigieren sie nach Möglichkeit.)
— Die Kinder schreiben Texte ab.
— Die Kinder finden in gegebenen Texten Fehler und korrigieren sie.
— Die Kinder schlagen Wörter nach. (Die Lehrerin diktiert z. B. fünfzehn Wörter, die Kinder schreiben sie untereinander, schlagen anschließend jedes Wort nach und korrigieren Falschschreibungen.)
— Die Kinder begründen Schreibweisen. (Sie suchen zu gegebenen Wörtern verwandte Wörter und markieren die Wortstämme, sie verlängern Wörter, sie begründen Schreibungen, z. B. beim Wort Fahrrad warum es anfangs groß, warum es mit zwei -rr- und am Ende mit d geschrieben wird.)

Wenn wir wollen, dass die Kinder bessere Rechtschreiber werden, dann müssen wir in der beschriebenen Richtung weiterarbeiten: Verzicht auf das traditionelle Klassendiktat mit dem einen Text für alle, besondere Gewichtung der täglichen Rechtschreibleistungen, wenn Diktate, dann in differenzierten Formen, Ausbau von rechtschreibrelevanten Leistungsfeststellungen wie die eben beschriebenen. Hier ist wohl noch Neuland zu gewinnen.

Beispiele

1. 22 „Tagebücher" –
Ausgangspunkte für die ersten Diktate

Am ersten Tag im dritten Schuljahr haben wir uns unterhalten über das, was nun anders wird als im vergangenen Jahr. Die zweite Äußerung bezieht sich schon auf Zensuren, die es bisher nicht gab und die unterschiedliche Gefühle hervorrufen: Marc freut sich auf Diktate, ein bisschen Angst hat er auch. Viele Kinder äußern eher Befürchtungen, alle möchten in Diktaten möglichst wenig Fehler machen. Sie haben im vergangenen Jahr gerne geschrieben, z. B. systematisch gearbeitet mit unserem Grundwortschatz. Die meisten Kinder führen ihr Registerheft, in das wöchentlich neue Wörter eingetragen werden, sehr gewissenhaft. Fast alle Kinder haben in der „Freiarbeit" gerne zu Rechtschreibübungsmaterial gegriffen. Selbst kontrollieren, ob alles richtig geschrieben wurde, wurde bewusst geübt und von den Kindern als wichtig angesehen. Mit den ersten Zensuren, die ich ihnen für ihre Rechtschreibleistungen gebe, möchte ich ihre Bemühungen um möglichst genaues Kontrollieren verstärken. Die ersten Diktate sollen Kontroll-Diktate der Kinder sein.
Ich schlage vor, dass wir für ein paar Wochen täglich (nachher stellte sich heraus, dass wir nicht jeden Tag dazu kommen) eine Tagebucheintragung machen, etwas aufschreiben, was wichtig war oder worauf wir uns freuen. Wir schaffen ein Heft für die Tagebuchaufzeichnungen an.
Inzwischen sieht es so aus: Ich sammle Vorschläge für Eintragungen. Für einen Vorschlag, der Zustimmung findet, werden Formulierungsvorschläge gemacht. Schließlich schreibe ich das, worauf wir uns einigen können, an die Tafel. Das Geschriebene soll gut eingeprägt werden, dann wird die Tafel zugeklappt und ich diktiere den kurzen Text. Alle Kinder schreiben. Die Tafel wird aufgeklappt und nun wird Wort für Wort verglichen. Falsch geschriebene Wörter werden durchgestrichen und unter dem Text richtig hingeschrieben. Bei der dritten Tagebuchaufzeichnung hat etwa die Hälfte der Klasse alle Fehler gefunden. Bei einigen fehlte ein Punkt oder ein Umlautzeichen, das soll auch als Fehler gelten, haben wir ausgemacht.
Die Reinschrift ins „Tagebuch" machen sie in der Schule oder als Hausaufgabe. Die meisten Kinder zeichnen ein Bild dazu.
Nach etwa 2 Wochen überlegen wir einen Text für das erste Diktat. Wir besprechen im Kreis, wie zensiert werden woll. Meine Ansicht, dass nur völlig fehlerfreie Arbeiten mit „gut" zensiert werden können, erscheint ihnen als streng, aber da lasse ich nicht mit mir verhandeln. Für „befriedigend" und „ausreichend" werden Vorschläge besprochen, da sollen sie wirklich mitentscheiden können. Am Ende gibt es ein Einvernehmen darüber, dass 1 und 2 Fehler mit „befriedigend" benotet werden sollen und 3 und 4 Fehler mit „ausreichend". Mehr Fehler, so hoffen alle, werden nicht vorkommen.

19.9.1983

Heute haben zwei Kinder in der Freiarbeit Geschichten geschrieben. Christine hat über eine Katze geschrieben, die im Tor zu nah an einem Löwen kommt. Türk hat über ein Sportfest geschrieben.

8.3.1983

Heute freuen sich die Jungen besonders auf das Turnen. Frau Lehnert hat nämlich versprochen, dass Fußball gespielt wird. Die Mädchen wollen lieber tanzen.

Christine möchte unbedingt die Möglichkeit haben, eine 1 zu bekommen. Sie weiß, sie schreibt auch fremde Texte fehlerfrei. Für das Diktat will sie den Text, den alle schreiben, ergänzen durch einen oder mehrere eigene Sätze. Das macht sie bei den übrigen Eintragungen, wenn ihr etwas einfällt, auch.

Der Text des ersten Diktates:

> Heute schreiben wir das erste Diktat.
> Marc und Markus haben keine Angst.
> Nina sagt, dass es im Bauch kribbelt.
> Dirk meint, er kann alle Fehler finden.
> Dann bekommt er eine 2.

Beim Nachsehen stellt sich heraus, dass außer Christine, die ihre 1 bekommt, nur 5 Kinder alle Fehler gefunden haben — da haben einige vor Aufregung wohl doch Fehler übersehen. „Befriedigend" bekommen 10 Kinder, „ausreichend" 3. Mit dem Ergebnis sind die meisten nicht zufrieden.

17. 10. 1983

Diktat Nr. 2
Heute haben wir den
Puppen die passenden
Kleider ausgesucht.
Dracula hat ein lila Kleid
(bekomen) bekommen,
der Dinosaurier hat ein
fliederfarbenes Kleid
bekommen. Nur für das

Gespenst

fehlte die richtige Farbe.

Es kann ja nicht rosa(bein)

werden.

Dracula, Gespenst

alle Fehler gefunden

gut   kr.

Beim 2. Diktat haben 9 Kinder alle Fehler gefunden. Die höchste Zahl der übersehenen Fehler liegt bei 4.
Meine Hoffnung: dass diese als Rechtschreibübung angefangenen Tagebücher in einigen Wochen individuell weitergeführt werden. Als Basis für unsere Diktate werden sie sich dann nicht mehr eignen, aber eine Rechtschreibübung werden sie auch dann sein — und nicht nur das.

2. „Frühstücksdiktate" — Beispiel für regelmäßiges Rechtschreibüben und Diktatschreiben

Das tägliche „Frühstücksdiktat"

Schon sein Name deutet auf Regelmäßigkeit hin: Jeden Morgen zu Unterrichtsbeginn (nach dem Frühstück) oder vor der Milchpause schreiben es die Kinder in ein spezielles Heft. Die Lehrerin konzipiert für eine Woche einen Text aus fünf Sätzen, für jeden Tag einen Satz. Ablauf: Diktat — die Kinder schreiben den Satz ins Heft — die Lehrerin schreibt ihn an die Tafel — Selbstkontrolle. Anschließend Partnerkontrolle. Es zählen nur die Fehler, die nach der Selbstkontrolle noch stehen geblieben sind. Am Ende der Woche werden die fünf Sätze im Zusammenhang diktiert.
Die Kinder mögen ihr „Frühstücksdiktat", wohl wegen seiner Regelmäßigkeit, seiner Kürze und seiner Leistbarkeit. Das Wortmaterial für diese Texte kann eingeführten Rechtschreibmaterialien entnommen werden. Empfehlenswert sind andere Quellen, nämlich Erfahrungen, Erlebnisse, bewegende

Situationen, die das Wortmaterial für die Kinder inhaltlich füllen und emotional besetzen:
— der zur Zeit in der Klasse laufende themengebundene Unterricht (Unterrichtseinheit, -epoche, Projekt . . .)
— Erlebnisse der Kinder (Klassen-, Schulleben, situative Erlebnisse)
— Kinderbücher, aus denen zur Zeit vorgelesen wird

Das Wortmaterial wird dabei so gewählt, dass es bereits bekannte und geübte Wörter enthält und dosiert einige neue einführt.

Beispiele aus dem Unterricht:

Klasse 3 — Erkundung im Supermarkt

> Wir waren im Supermarkt und haben ihn erkundet.
> Es gibt dort alle Lebensmittel, Schreibwaren und Getränke.
> Die frischen Waren werden jeden Tag gebracht.
> Wir kauften Gemüse und Gewürze.
> In der Schule kochten wir eine leckere Gemüsesuppe.

Klasse 3 — Fahrradprüfung

> Viele Kinder haben ein Fahrrad.
> Fahrräder müssen verkehrssicher sein.
> Zur Sicherheit müssen sie zwei Bremsen, eine Leuchte, ein Rücklicht und eine Klingel haben.
> Am Donnerstag haben wir unsere Fahrräder mit in die Schule gebracht.
> Wir haben alle überprüft.

Übungsstunden

Fest eingebaut im Wochenplan sind zwei Übungsstunden. In diesen Übungsstunden wird mit dem Material der Frühstücksdiktate geübt, das in dem speziellen Heft ja jedem Kind verfügbar ist. Das Repertoire der Übungsmöglichkeiten wurde mit den Kindern allmählich aufgebaut. Es ist so ausgewählt, dass die Kinder selbstständig, differenziert und mit Lernpartnern üben können, dass sie die Wortbilder in verschiedenen Verwendungszusammenhängen immer wieder schreiben, dass die Übungen einen gewissen Reiz oder Pfiff haben und der Vorbereitungsaufwand der Lehrerin sich in den Grenzen des Machbaren hält.

Beispiele:
Wörterwürfel: Ein Buchstabenwürfel gibt den Anfangsbuchstaben von Wörtern vor, die herausgesucht werden; der Augenwürfel bestimmt, wie oft das einzelne Wort geschrieben wird. Varianten: Mit einem Augenwürfel wird eine Zahl bestimmt, z. B. 3. Nun muss jedes dritte Wort abgeschrieben werden. Ein Satz (eine Geschichte) wird geschrieben, wobei die herausgepickten Wörter verwendet werden müssen.

Wörterschlange: Aus bestimmten Texten werden Wörter so herausgeschrieben, dass der Endbuchstabe dem Anfangsbuchstaben des nächsten Wortes entspricht.

Memory: Auf gleich große Zettel wird jedes Nomen einmal gezeichnet, einmal als Wort geschrieben. Anschließend wird nach der Memory-Regel gespielt. Die Spiele werden zwischen den Kindern ausgetauscht.

Rechtschreibkartei: Die Wörter des bisher erarbeiteten Grundwortschatzes/die Wörter, die beim Frühstücksdiktat zunächst falsch geschrieben wurden, werden auf DIN-A6-Karteikarten (Hochformat) übertragen. Hüllen wurden (mit Elternhilfe) gewerkt: Sie haben auf einer Seite ein Sichtfenster für eine Zeile. Die Karteikarte lässt sich von unten nach oben durchschieben. Geübt wird so: Erste Zeile ins Sichtfenster schieben — einprägen — umdrehen — aufschreiben — kontrollieren.

Tabellen: Das Wortmaterial wird in Tabellen eingetragen, die von der Lehrerin vorgegeben werden. Je nach Lernstand der Kinder und Wortangebot können dies Auflistungen sein: nach Sachgebieten, nach Wortfeldern, nach dem Alphabet, nach Wortarten . . .

Partnerdiktat
Anspruchsvollere Aufgaben können sein: Ausbau eines Klassenlexikons, Herstellung von Silben-, Treppen- und Kreuzworträtseln für die Rätselbox der Klasse (Beispiele siehe „Praxis Grundschule"), Hilfen bei der Erstellung der nächsten Frühstücksdiktattexte usw.

Zu Beginn jeder Übungsstunde konstituieren sich Übungsgruppen, die eine der Möglichkeiten gemeinsam durchführen wollen.

Die Lehrerin beeinflusst hin und wieder die Wahl der Übung und der Lernpartner, um die notwendige Differenzierung sicherzustellen.

Die Kinder üben in diesen Stunden gerne und intensiv.

Klassendiktate

In diesem Unterricht werden ständig Übungen geschrieben, die der Lehrerin Aufschluss über die Lernerfolge der Kinder geben. Klassendiktate wären also überflüssig, sollen aber geschrieben werden. Dem Prinzip folgend, von Kindern nichts abzuverlangen, was sie nicht auch erlernen können, wird der Text der Klassendiktate aus den Frühstücksdiktaten zusammengesetzt (deren Wortmaterial in den Übungsstunden ja regelmäßig geübt wird).

Zur Bewertung des Klassendiktats gilt die feste Regel: Wer weniger als 10 % der Wörter falsch schreibt, hat die grundlegenden Ziele des Rechtschreibunterrichts erreicht und erhält zumindest die Note „ausreichend". Jeder, der mit seiner Note nicht zufrieden ist, kann in den folgenden beiden Übungsstunden weiter trainieren. In der dritten Übungsstunde diktiert die Lehrerin den betreffenden Kindern denselben Text noch einmal; bewertet wird er nach denselben Konditionen. „Mangelhaft" kommt spätestens hier nicht mehr vor.

Sicherlich schlägt der hierbei für jedes Kind der Klasse mögliche Lernerfolg wiederum auf die Lernanstrengung und auf die Übungsintensität beim Frühstücksdiktat zurück.

3. „Die Schildbürger" — ein differenziertes Klassendiktat im Anschluss an den Umgang mit Texten

Eine Quelle, aus der auch Texte für das Rechtschreiblernen gewonnen werden können, ist der *Umgang mit Texten (Literaturunterricht)*. In Klasse 3 waren die Figuren der Schildbürger den Kindern aus mehreren Geschichten bekannt. In Rollenspielen hatten sie sich sowohl mit den „Helden" als auch mit deren Beobachtern identifizieren können. Es zeigte sich dabei stets, dass diese Schwänke von ihrer Thematik und Komik her die Kinder dieses Alters zur Auseinandersetzung, Wiedergabe und Umgestaltung reizten. Der Text, aus dem später das Diktat entstand, wurde in der Aufzeichnung von Otfried Preußler (Bei uns in Schilda, dtv junior) gewählt.

Die Kinder führten ein „Geschichtenheft", in das Erlebtes und Gehörtes eingetragen wurde. Da in diesem Heft in der Regel nur festgehalten wurde, was den Kindern besonders gefiel, bemühten sie sich stets, alle Eintragungen „schön" und richtig vorzunehmen. Hier hinein sollte auch die Niederschrift kommen, die dann Vorlage für das Diktat war.

Festlegung der Ziele

Der Text des Prüfdiktates beinhaltete viele Schwierigkeiten, die in anderem Zusammenhang z.T. systematisch als Rechtschreibphänomene bereits geübt worden waren. So stellte das Diktat eine Langzeiterfolgskontrolle dar für die Regelungen zur Kürze von Vokalen und zur Schreibweise von Adjektiven auf -ig.

Da die Phänomene an anderen Wörtern geübt worden waren, mussten die Schüler hier einen Transfer leisten. Bei der sich anschließenden Fehleranalyse war besonders darauf zu achten, inwieweit die einzelnen Schüler in der Lage waren, die erfassten Regelungen anzuwenden und zur selbstständigen Erschließung der Schreibweise ungeübter Wörter zu nutzen.

Somit war es ein Ziel dieser Rechtschreibübung, geübte Phänomene ohne Häufung und ohne Interferenzen in einem Text anzuwenden, der die Kinder emotional ansprach. Schwierig, und als Regelung nicht erarbeitet, waren die Wörter mit hartem s-Laut (ließ, wusste). Hier sollte das Vordiktat Aufschluss geben, inwieweit die Rechtschreibung beherrscht wurde. Gegebenenfalls sollte dies dann ein Schwerpunkt der anschließenden Übungen sein. Zugleich sollten dergleichen ungeübte Schwierigkeiten die Kinder zu orthographischer *Selbstständigkeit* auffordern, da sie bei allen Übungen und Diktaten das Wörterbuch zu Hilfe nehmen konnten. Hierin lag ein zweites Ziel der Unterrichtsreihe.

Unterrichtsarbeit

Der Preußler-Text wurde vorgelesen und erarbeitet, er wurde nacherzählt und gespielt.
Anschließend formulierten die Kinder satzweise eine Zusammenfassung für das Geschichtenheft, die ich den Kindern diktierte:

> Die Schildbürger bauten ein Rathaus
> Die Schildbürger bauten sich ein Rathaus. Als es fertig war, merkten sie, dass ihnen Licht und Luft fehlten. Sie hatten alle Fenster vergessen.
> Einer wusste einen Rat:
> Er ließ große Körbe in die Sonne stellen. Als sie voll Licht und Luft waren, mussten die Leute sie ins Haus tragen. Davon sollte das Haus hell und luftig werden.
> Glaubst du, das wäre geschehen?

Wie immer wurde den Kindern anschließend Zeit gegeben, Schwierigkeiten im Wörterbuch nachzuschlagen und Fehler zu verbessern.
Den rechtschreibschwachen Kindern half ich sowohl bei der Fehlersuche als auch beim Nachschlagen.
Zu Hause korrigierte ich diese *Vordiktate* und erstellte eine *Fehleranalyse*, die mir als Grundlage für die weiteren Übungen diente.
Dabei bediente ich mich zur Bestimmung der Fehlerart einer vereinfachten Einteilung in:
1. Wahrnehmungsfehler (akustisch und visuell)
2. Regelfehler
3. Sonstige Fehler

Es ergab sich folgende Übersicht bei 20 Kindern:

Häufigkeit	Wahrnehmungsfehler		Regelfehler	Sonstige
	visuell (Merkfehler)	akustisch		
8			*l*uftig	
7			wuss*te*	
4			vergessen	
4	mer*k*te			
3			wä*re*	
3		Körbe		
3			*R*at	
3	davon			
3		*l*ieß		
2	*f*ertig			
2			ließ*	
1			fertig	

* Hier handelt es sich um Regelfehler; da die Regelungen aber noch nicht erarbeitet wurden, mussten die Wörter zunächst über die visuelle und akustische Wahrnehmung gesichert werden.
Im nun folgenden Rechtschreibunterricht arbeiteten wir mit folgenden Schwerpunkten:
— Ableitung, Sammlung und Übung von Adjektiven auf -ig (Luft — luftig)
— mit den rechtschreibschwachen Kindern: Übung der Wortformen über die verschiedenen Wahrnehmungskanäle: akustisch, visuell, sprech- und schreibmotorisch
— mit den rechtschreibstärkeren Schülern: Erarbeitung der Regelung zur Schreibung des harten s-Lautes am Wortende und vor „t"

Wichtig: Die Wörterliste hing während der Übungen als *Tapete* an der Wand und blieb dort bis zum übernächsten Tag hängen. Sie wurde erst vor dem Prüfdiktat abgenommen.

Differenzierte Lernkontrolle

Einige Tage später wurde folgendes Diktat gegeben:

Die Schildbürger bauten ein Rathaus

Die Schildbürger bauten einmal ein Rathaus. Als es fertig war, merkten sie, dass sie alle Fenster vergessen hatten. „Was tun? Wir brauchen doch Licht und Luft im Haus", sprachen sie. Einer wusste Rat.[1] Er ließ große Körbe, Fässer und Krüge holen. Die stellten die Schildbürger in die Sonne. Als sie meinten, alle Gefäße wären voll Licht und Luft, trugen sie diese ins Haus und schütteten sie aus.[2] Was meinst du, wie hell und luftig das Haus davon geworden ist? (Die Antwort kann individuell ergänzt werden.)[3]

---

1) Ende des Grundtextes (38 Wörter)
2) Erweiterter Text (72 Wörter)
3) Langtext (84 Wörter) mit individuellem Schluss

Die Schüler sind es gewohnt, dass ich vor Diktatbeginn angebe, wie weit der Grundtext (den alle schreiben) und der erweiterte Text reichen. Sie entscheiden selbst (gelegentlich jedoch mit meiner Hilfe), welchen Text sie wählen möchten. (Diese Entscheidung muss *nicht* vorher getroffen werden!) Im vorliegenden Fall endete das Diktat mit einer Frage, die frei beantwortet werden konnte. Diese Antwort durften selbstverständlich *alle* Kinder, die es wünschten, geben. Fehler in der Antwort zählten nicht mit, für richtige Wörter *mit Schwierigkeiten* gab es insgesamt 1 oder 2 Punkte, die gegen Fehler im Text aufgerechnet wurden.

Das Diktat verlief in diesem Falle wie folgt:

— 3 Kinder wählten den Grundtext (38 Wörter) und erhielten dann die Textvorlage zum Abschreiben des erweiterten Textes.
— 10 Kinder schrieben den erweiterten Text (72 Wörter) und begannen mit der Eigenkontrolle oder malten ein Bild dazu.
— 7 Kinder schrieben den Langtext (84 Wörter). Alle 7 erfüllten die freiwillige Aufgabe: die eigene Antwort auf die Frage.

Somit differenziert sich der Text in drei Schwierigkeitsgruppen:

1. Grunddiktat (38 Wörter)
2. Erweitertes Diktat (72)
3. Langdiktat mit eigenem Schlusssatz
   (mehr als 84 Wörter)

Wichtig: Bei einem individuellen Schluss sollte eine zeitliche Begrenzung gegeben werden!

Im Anschluss an das Diktat wurde Zeit zur Selbstkontrolle mit Hilfe des Wörterbuches gegeben, allerdings mit Zeitbegrenzung.

Da die Schüler wissen, dass verbesserte Wörter als richtig geschrieben gelten, sind sie daran interessiert, Fehler zu korrigieren.

Auf diese Weise wird die orthographische *Selbstständigkeit* neben der *orthographischen Sicherheit* immer wieder trainiert.

Feststellung der Leistungen

Bei kleinen Arbeiten korrigiere ich die Fehler im Text der Kinder, bei größeren Arbeiten bzw. Klassendiktaten empfiehlt sich eine wie folgt differenzierte Korrektur:

— unter „sehr gute" Arbeiten wird nur die Fehlerzahl geschrieben (Anregung zur Selbstständigkeit)
— bei „guten" Arbeiten wird am Zeilenrand eine Markierung angebracht
— alle anderen Kinder erhalten den *richtigen* Diktattext als Arbeitsblatt. Wörter, die nicht richtig geschrieben wurden, sind in diesem Text vom Lehrer unterstrichen!

Wichtig: Fehler niemals unterstreichen!

Die Schildbürger bauten ein
Rathaus

Die Schildbürger bauten einmal
ein Rathaus. Als es fertig war,
merkten sie, dass sie alle Fenster vergessen hatten. Was tun? Wir
brauchen doch Licht und Luft
im Haus", betrachten sie einer
wahre Not.

Ralf, du hast den kurzen
Text gewählt und von 38
Wörtern 34 richtig geschrieben.
Das ist ausreichend.
Ich freue mich, dass du so sorgfältig gearbeitet hast und
fast alle Wörter, die wir gemeinsam geübt haben, richtig geschrieben hast.
Schau dir das Arbeitsblatt gut
an und übe die 4 unterstriche-
nen Wörter! Trage sie dann in
deine Fehlerkartei ein!
C. Fluck

Bewertung

Die Benotung muss selbstverständlich die unterschiedlichen Ausgangs-
leistungen berücksichtigen. So konnte bei dem Diktat „Die Schildbürger
bauten ein Rathaus" für die grundlegenden Anforderungen des kurzen
Grundtextes (38 Wörter) nur „befriedigend" als höchste Note erreicht werden. Da aber alle 3 Kinder mehrere Fehler machten, erhielten 2 „ausreichend" und 1 „mangelhaft". Das Angebot an das Kind mit der „mangel-
haften" Arbeit, den Text noch einmal zu üben und dann das Diktat erneut
zu schreiben, lehnte es ab. Die Arbeit blieb also „mangelhaft". Für den
erweiterten Text (72 Wörter) konnte „gut" als bestes Prädikat erreicht werden, während nur mit dem Langtext „sehr gut" erzielt werden konnte.

	Grundtext (38 W.)	Erweiterter Text (72 W.)	Langtext (84 W.)
sehr gut	—	—	84 — 83 W.
gut	—	72 — 71 W.	82 — 81 W.
befriedigend	38 — 37 W.	70 — 69 W.	80 — 78 W.
ausreichend	36 — 34 W.	68 — 65 W.	77 — 75 W.

Das Gesamtergebnis sah folgendermaßen aus:

sehr gut	— 2 x (für Langtext)
gut	— 3 x (für Langtext)
	— 5 x (für erweiterten Text)
befriedigend	— 2 x (für Langtext)
	— 3 x (für erweiterten Text)
ausreichend	— 2 x (für erweiterten Text)
	— 2 x (für Grundtext)
mangelhaft	— 1 x (für Grundtext)

(Bei den 2 Schülern, die im Langtext „befriedigend" erhielten, wurde über-
prüft, ob sie bei einer anderen Wahl besser gelegen hätten. Das war jedoch
nicht der Fall.)
Die Berichtigung lasse ich grundsätzlich in der Schule erledigen.
Was im Einzelnen zu tun ist, schreibe ich unter die Arbeiten. In den meisten
Fällen lasse ich jedoch nur die falsch geschriebenen Wörter berichtigen,
um nicht neue Fehler zu provozieren. (Zudem ist die Motivation zur Berichti-
gung meist nicht sehr groß!)
Die berichtigten Wörter werden in der individuellen Fehlerkartei für spätere
Übungen notiert.

Die fehleradäquaten Trainingsformen, z. B. Wortfamilien aufschreiben, verwandte Wörter durch Ableitung suchen, Mehrzahlbildungen u. a. lassen sich in späteren Rechtschreibübungen einsetzen. Wichtig dafür ist es natürlich, dass sich der Lehrer nach der Korrektur Notizen zu *individuellen* weiteren Übungsschwerpunkten macht. Nur mit Hilfe dieser gezielten Weiterarbeit können die Eintragungen in der Fehlerkartei gelöscht und der Grundwortschatz gesichert werden.

In dem hier beschriebenen Fall stellte ich den guten und sehr guten Rechtschreibern die Aufgabe, die Geschichte weiterzuerzählen und einen Schluss zu finden, während die anderen ihre Berichtigung erledigten. Diese Texte dienten als Einstieg in die spätere Gesprächsphase zum Thema: Wie bekommen die Schildbürger Licht in ihr Rathaus?

Im Anschluss an die verschiedenen Lösungsvorschläge der Kinder lasen wir sowohl den Schluss nach Preußlers als auch den nach Erich Kästners Erzählung (Die Schildbürger · Ravensburger Taschenbücher Band 117).

Weiterarbeit

Im Rahmen des Wochenplans der folgenden Woche wurden den Kindern individuell gezielte Arbeitsaufträge erteilt. Darüber hinaus wurden die Wörter, die aus diesem Diktat in den Grundwortschatz übernommen wurden (Wörterliste), in Form *kurzer, über einen längeren Zeitraum verteilter Wiederholungen* gesichert. Dabei gilt stets: Kurze, über einen längeren Zeitraum verteilte Wiederholungen sind besser als langes, gehäuftes Üben. Abschließend diktierte ich, leicht modifiziert, den Text noch einmal. Wer wollte, konnte mitschreiben und seinen Lernfortschritt selber feststellen.

Weitere Rechtschreibtexte

Im Zusammenhang anderer Unterrichtseinheiten entstanden folgende Diktattexte:

Martin gibt sein Urteil ab
Die Mutter verteilt den Schokoladenpudding auf sechs Tellerchen und nimmt es sehr genau. Hier scheint noch etwas zu viel zu sein, während dort und dort noch ein halbes Löffelchen zugegeben werden könnte.[1]
Nein, nun ist der Erste doch wohl zu schlecht weggekommen. Sie vergleicht und alle sehen erwartungsvoll zu.[2]
Und langsam läuft ihnen das Wasser im Mund zusammen.
Schließlich fragt die Mutter, mehr sich selbst als die anderen: „So, wer hat nun zu wenig?"
„Alle", sagt Martin.[3]

Die Täuschung

Es lief ein Hund durch einen Fluss und hatte ein Stück Fleisch im Maul. Als er aber den Schatten des Fleisches im Wasser sah, glaubte er, es sei auch Fleisch und schnappte gierig danach. Was geschah wohl weiter?

Der Hund verlor das Stück Fleisch und wollte es wieder schnappen, aber es gelang ihm nicht. Traurig ging er der Hund nach Hause, aber auf dem Weg fiel ihm ein, dass er noch ein anderes Stück Fleisch vor Fluss war schnell verschwunden. Er ging in den Fluss,

..., da aber diesmal nur einen Hund. Während rannte er wieder zurück.

Dimitrios, du hast im Diktat 38 von 40 Wörtern richtig geschrieben.

Außerdem enthält dein Schluss viele schwere Wörter, die du richtig schreibst, prima!

Besonders gut gefällt mir eine Idee mit dem zweiten Hund ...

truggebildet: Der Hund sieht einen Hund und ist weiterhin.

Berichtige bitte die Fehler und arbeite auf Arbeitsblatt 2 weiter.

E. Fleck

1) Grundtext — 36 Wörter
2) Erweiterter Text — 53 Wörter
3) Langtext — 81 Wörter

Der Text wurde dem Buch: Martin, Geschichten aus einer glücklichen Welt von Manfred Hausmann, Bertelsmann Verlag, Seite 67, entnommen.

4. „Besuch des Flughafens" — selbstständiges Rechtschreibüben, Langzeitbeobachtung und differenzierte Diktate im Anschluss an den Sachunterricht

Auch im Rechtschreibunterricht ist es wichtig, dass die Kinder persönlich in ihrer Selbstständigkeit und Leistungsfähigkeit herausgefordert werden:

— sie sollen den Übungstext selbst gestalten
— sie sollen ihre Übungsweisen mitbestimmen
— sie sollen schriftlich auch ihr Übungsziel individuell festlegen und zu individuell bestimmten Erfolgen kommen

Wie bei dieser Arbeit Lernkontrollen durchgeführt und auch (vergleichbare) Zensuren erteilt werden, soll das Beispiel zeigen.

Festlegung der Ziele

Neben den grundsätzlichen, eben beschriebenen Absichten sind mir folgende Ziele wichtig:
1. Die Kinder sollen Texte aus einem sie interessierenden Sachzusammenhang (Flughafen) richtig schreiben lernen.
2. Sie sollen dabei bekannte und neue Wörter ihres Grundwortschatzes sichern und lernen, wie von den Wortformen des Grundwortschatzes her auf andere Wortformen geschlossen werden kann.
(Mit Grundwortschatz meine ich den Wort-„Schatz", der für das eigene Kind persönlich wertvoll und wichtig ist, nicht aber vorgegebene Listen.)

Erkundungsgang zur Unterrichtsarbeit

Nach den Osterferien in der ersten Schulwoche in Klasse 4 erzählten die Kinder von ihren Ferienerlebnissen. So berichteten auch einige von einer Flugreise. Es bot sich an, dazu einen Text aus einem Lesebuch zu lesen.

Die Kinder waren von den Aussagen derart beeindruckt, dass sie sie teilweise sogar in Abrede stellten. Wir kamen überein den Flughafen unserer Stadt zu besuchen und uns dort u. a. über den Jumbo zu informieren. In Gruppen stellten die Kinder Aufgaben und Fragen zusammen, denen sie während der Führung nachgehen wollten. Während des Erkundungsganges machte sich eine Gruppe Notizen zu einem Film, eine andere Gruppe notierte, was wir alles gesehen hatten, und eine dritte schrieb nur Wörter auf, die von dem fachkundigen Führer geäußert wurden. Mit Hilfe dieser Ergebnisse wollten die Kinder einen informativen Text für den „Info-Ordner" der Klasse, für andere Schulkinder und für die Eltern erstellen. Als Grund gaben sie an, Informationsbroschüren seien immer so schwer zu verstehen, sie wollten auch alles behalten und nachlesen können.
Nach dem Besuch erhielten die Kinder die Aufgabe, in selbst gewählten Gruppen ihre Texte zu erstellen. Man wollte sich auf einen Text einigen oder aus der Textauswahl einen besonders guten zusammenstellen.

Der Informations- und Übungstext

Aus ihren Notizen setzten die Kinder Texte auf, aus denen wir gemeinsam folgenden Text für die Informationsmappe und als Übungsgrundlage anfertigten:

Besuch auf dem Düsseldorfer Flughafen

Neulich haben wir den Flughafen besucht. Er wurde schon im Jahre 1909 gegründet. 1932 allerdings übernahm das Militär den Flughafen. Erst nach dem Zweiten Weltkrieg, 1950, wurde er wieder der Zivilluftfahrt übergeben. Das ganze Flughafengelände ist so groß wie 800 Fußballfelder. In einem großen Gebäude werden die Passagiere für Charter- und Linienflüge abgefertigt. Von den Flugsteigen aus gelangen die Fluggäste in die Flugzeuge. Von Düsseldorf aus starten Flugzeuge wie der Airbus, der Jumbo und die Flugzeuge der LTU (Luft-Transport-Unternehmen) in alle Welt. Ein Jumbo kostet 130.000.000,00 DM. Er hat 500 Sitzplätze und 11 Besatzungsmitglieder, die man Crew nennt. Überhaupt ist Englisch die Sprache der Luftfahrt. So heißt der Kontrollturm, von dem aus die Fluglotsen den Luftraum kontrollieren, Tower. Die Spitze des Flugzeugs, in der die Piloten sitzen und sich die Fluggeräte befinden, nennt man Cockpit. Ein Flugzeug hat, wenn es auf der 3000 m langen und 45 m breiten Start- und Landebahn startet, eine Geschwindigkeit von 280 km/h. Bei Start und Landung hilft dem Piloten auch der Wetterradar. Sogar bei dichtem Nebel kann geflogen werden, weil die Fernsteuerung 150 km weit reicht! Ein Flugzeug fasst 140.000 l Treibstoff und verbraucht bei einer Flughöhe von 10.000

Fuß (engl. Maß) und einer Geschwindigkeit von 930 km/h 10.000 l pro Stunde.
Wir haben noch viel mehr gesehen: die Halle, in der sich die Polizeihubschrauber befinden, die automatische Messstation für Luftverschmutzung und Lärm und die Lärmschutzwand.
Wer würde gerne Pilot oder Stewardess werden? Die Ausbildung zum Piloten dauert sechs bis sieben Jahre, die zur Stewardess ein halbes Jahr. O je, dann müssen wir aber noch sehr fleißig sein!

Differenzierte Texte und Grundwortschätze

Dieser Informationstext war nunmehr Grundlage für das differenzierte Rechtschreibüben und das anschließende differenzierte Diktat:
Aus vorausgegangenen Vorhaben war den Kindern bekannt, dass als punktuelle Lernkontrolle ein inhaltlich und zeitlich differenziertes Diktat Aufschluss über ihren Grad an selbstständiger und gründlicher Arbeit geben würde. So gab ich ihnen jetzt bekannt, dass ich eine Wortschatzliste zusammenstellen würde, die sich aus den Wörtern von drei verschiedenen Diktattexten zu unserem Übungstext zusammensetzen würde. Sie sollten auch die Anzahl der Wörter der jeweiligen Texte wissen. Die späteren Diktatvorlagen sollten sein:

Grundtext

Besuch auf dem Düsseldorfer Flughafen

Neulich haben wir den Flughafen besucht. Er wurde schon im Jahre 1909 gegründet und ist so groß wie 800 Fußballfelder. Von den Flugsteigen aus gelangen die Fluggäste in die Flugzeuge. Von Düsseldorf aus starten die Flugzeuge in alle Welt.
Ein Jumbo zum Beispiel hat 500 Sitzplätze. Ein Flugzeug fasst 140.000 l Treibstoff. Es hat beim Start eine Geschwindigkeit von 280 km/h und erreicht beim Flug 930 km/h. Wir haben noch viel mehr gesehen: den Kontrollturm, die Halle, in der sich die Polizeihubschrauber befinden, usw. Die Sprache der Luftfahrt ist Englisch. Um Pilot zu werden muss ich noch viel lernen. (93 Wörter ohne Zahlen und Abkürzungen)

Erweiterter Text

Besuch auf dem Düsseldorfer Flughafen

Neulich haben wir den Flughafen besucht. Er wurde schon im Jahre 1909 gegründet. Das ganze Flughafengelände ist so groß wie 800 Fußballfelder. In einem großen Gebäude, dem Terminal, werden die vielen Passagiere abgefertigt. Von den Flugsteigen aus gelangen sie in die Flugzeuge. Ein Jumbo zum Beispiel hat 500 Sitzplätze. 140.000 l Treibstoff fasst ein Flugzeug. Es hat beim Start eine Geschwindigkeit von 280 km/h. Von Düsseldorf aus starten Flugzeuge in die ganze Welt. Im Kontrollturm kontrollieren die Fluglotsen den Luftraum. Bei Start und Landung hilft dem Piloten der Wetterradar. Sogar bei dichtem Nebel kann geflogen werden, weil die Fernsteuerung 150 km weit reicht. Die Sprache der Luftfahrt ist Englisch. Um Pilot oder Stewardess zu werden muss ich viel lernen!
(114 Wörter ohne Zahlen und Abkürzungen)

Angebotstext

Besuch auf dem Düsseldorfer Flughafen

Neulich haben wir den Flughafen besucht. Er wurde schon im Jahre 1909 gegründet. Das ganze Flughafengelände ist so groß wie 800 Fußballfelder. In einem großen Gebäude, dem Terminal, werden die vielen Passagiere für die Charter- und Linienflüge abgefertigt. Von den Flugsteigen aus gelangen die Fluggäste in die Flugzeuge. Von Düsseldorf aus starten Flugzeuge wie der Airbus, der Jumbo und die Flugzeuge der LTU in alle Welt.
Ein Jumbo kostet 130.000.000,– DM. Er hat 500 Sitzplätze und 11 Besatzungsmitglieder (Crew). Überhaupt ist Englisch die Sprache der Luftfahrt: Kontrollturm = Tower, Spitze des Flugzeugs = Cockpit.
Ein Flugzeug hat, wenn es auf der 3000 m langen und 45 m breiten Start- und Landebahn startet, eine Geschwindigkeit von 280 km/h, später 930 km/h. Bei Start und Landung hilft dem Piloten auch der Wetterradar. Sogar bei dichtem Nebel kann geflogen werden, weil die Fernsteuerung 150 km weit reicht. Ein Flugzeug fasst 140.000 l Treibstoff.
Wer würde gern Pilot oder Stewardess werden? O je, dann müssen wir noch sehr fleißig sein!
(134 Wörter ohne Zahlen und Abkürzungen)

Wortschatzliste

Die Analyse der drei Texte ergab folgende Wortschatzliste. Aufgenommen wurden alle Wörter, die bislang als rechtschriftlich ungesichert oder nicht genug gesichert gelten.

1. ab*f*ertigen*
2. *Airbus***
3. be*fi*nden
4. B*eispiel*
5. B*esatzungsmitglied***
6. Besuch, besuchen, besuchten
7. *Ch*arter
8. Cockpit**
9. *Crew***
10. di*ch*t
11. Düss*eld*orf
12. *E*nglisch
13. *err*eichen
14. *f*assen, fa*ss*t
15. *F*ernsteu*er*ung*
16. *fleißig*
17. *Flug*
18. Flu*gg*ast, Flu*gg*äste
19. Flu*gh*afen
20. Flu*gh*a*f*engelände*
21. Flu*gl*otsen*
22. Flugsteig
23. Flugzeug
24. *Fußballfeld*
25. ganz
26. Geb*äu*de
27. Ge*schw*in*dig*keit
28. *g*ründen
29. Ha*ll*e
30. Ja*h*r

31. *Jumbo*
32. kontro*lli*eren
33. Kontrol*/t*urm
34. Land*ebah*n
35. Land*u*ng
36. Lini*en*flug, Lini*enflüge***
37. Lu*ftfah*rt
38. Lu*f*traum*
39. m*eh*r
40. müssen, mu*ss*
41. Nebel
42. n*eu*lich
43. *Passagier**
44. Pilot
45. Poliz*ei*hub*schr*auber*
46. s*eh*r
47. Sitzplatz, Sit*z*plätze
48. spät, später
49. Spi*tze*
50. *S*prache
51. *Start*, starten
52. *Stewardess**
53. Ter*m*inal*
54. *Tower***
55. Trei*b*stoff
56. überha*u*pt
57. viel
58. weit
59. *Welt*
60. We*tt*er, We*tt*errada*r**

Schwierigkeiten sind *kursiv gedruckt*. Der für alle verbindliche Wortschatz, in Orientierung an den Grundtext gefunden, ist nicht gekennzeichnet. Die aus dem erweiterten Text hinzugekommenen Wörter sind mit einem * und die aus dem Angebotstext hinzugefügten Wörter mit ** gekennzeichnet. So ergeben sich für den für alle verbindlichen Wortschatz 43, für

den erweiterten 53 und für den Angebotswortschatz 60 rechtschriftlich neu oder wiederholt abzusichernde Wörter.
Dabei wurde berücksichtigt, dass der Grundwortschatz in Klasse 4 auf Erweiterung angelegt ist:
Diese Wortschatzerweiterung mag an folgenden Beispielen jeweils aus der für alle verbindlichen Liste und der Angebotsliste deutlich werden:
besuchen — besuchten, muss — flektierte Verbformen,
Sitzplätze, Fluglotsen*, Linienflüge** — Pluralbildung und Fallsetzung von Substantiven,
viel, mehr, spät, später, weit — Steigerung von Adjektiven,
Fluggast, Flughafengelände*, Besatzungsmitglied** — zusammengesetzte Wörter,
Wortfamilien „Flug", „Land" und „Luft" — „verwandte" Wörter.

Selbstständiges Üben: Von der Mindest- zur Höchstleistung

Jedes Kind weiß: Ich muss einer Mindestanforderung nachkommen und kann wahlweise so vorgehen, dass ich zu einer Höchstleistung kommen kann. In unserem Fall heißt das: wählt es die Mindestanforderung (Grundwortschatzliste), so erreicht es mindestens ausreichende Leistungen. Wenn ich an die besonders schwachen Rechtschreiber denke, so kann ich mir hierbei noch Varianten vorstellen. In der täglichen Rechtschreibübung stellen Schüler wie Lehrer gemeinsam die Leistungsmöglichkeiten fest und richten demnach ihre weitere Vorgehensweise ein. Stellen Lehrer wie Schüler z. B. fest, dass der Schüler mit der Grundwortschatzliste problemlos umgehen kann, so wird er sich selbst oder der Lehrer ihn ermuntern, sich an die höheren Anforderungen heranzuwagen. Ist es umgekehrt der Fall, so werden die Schüler und/oder der Lehrer etwas von den Anforderungen zurücknehmen.
Mit einem solchen Verfahren wird kein Kind zur Kapitulation und damit Entmutigung geführt, im Gegenteil, es wird immer ein Schrittchen weiter gebracht, sich selbst entsprechend seiner Fähigkeiten einschätzen zu können, und angespornt werden, zu höher hängenden Trauben zu greifen.
Die Möglichkeiten zu einer solchen Selbststeuerung des Lernens müssen vielfältig und auf jeden Lerntyp eingehend angelegt sein, sodass jedes Kind ein breites Spektrum von Lernmöglichkeiten zur Auswahl hat. Bei dem Stichwort *Auswahl* fiel mir der *Katalog eines Warenhauses* ein, der für jeden Angebote präsentiert. Analog dazu hatte ich die in den vergangenen Schuljahren eingeführten Arbeitsweisen beim Rechtschreiblernen mit den Kindern in einem Katalog zusammengestellt.

Katalog für rechtschriftliche Arbeit an Übungstexten

Arbeiten am Text, alleine oder mit Partner(n)

a) *Lies den Text!*
b) *Lies den Text jemandem vor!*
Übe den Text lesen!

a) *Schreibe Wörter auf, die du nicht verstehst!*
b) *Frage jemanden oder schlage nach!*
c) *Schreibe eine Erklärung zu jedem, dir bislang unbekannten Wort auf!*
d) *Erzähle jemandem oder lass dir zu jedem dieser Wörter Geschichten erzählen!*

Teile den Text in Sinnabschnitte ein!
a) *Schreibe in Schreibschrift abschnittsweise ab!*
b) *Es macht auch Spaß, den Text rückwärts abzuschreiben.*

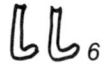

Schreibe in Schreibschrift aus der Druckschrift mit Großbuchstaben ab!

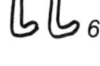

a) *Schreibe nacheinander erst die einsilbigen, dann die zweisilbigen, die drei- und mehrsilbigen Wörter auf!*

b) *Trenne bei den mehr als einsilbigen Wörtern! Schreibe den Text ab, indem du Satzteile umstellst!*

Schreibe den Text in einer anderen als der vorgegebenen Person ab, z. B. Ich-Person, Du-Person usw.!

Schreibe den Text in einer anderen als der vorgegebenen Zeit-Form ab, z. B. in der Gegenwarts-, Vergangenheits- oder Zukunftsform!

Schreibe im Partnerdiktat!

Arbeiten an Wörtern, alleine oder mit Partner(n)

11

a) *Unterstreiche alle Nomen und schreibe sie alphabetisch sortiert auf!*
b) *Schreibe die Nomen mit ihren Begleitern auf!*
c) *Schreibe die Nomen in Einzahl und Mehrzahl auf!*
d) *Schreibe neue Sätze mit den Nomen!*

a) *Unterstreiche alle Verben und schreibe sie alphabe-tisch sortiert auf!*
b) *Schreibe die Verben der Grundform und der ge-beugten Form auf!*
c) *Schreibe die Verben in anderen Zeiten auf!*
d) *Schreibe neue Sätze mit den Verben!*

12

a) *Unterstreiche alle Adjektive und schreibe sie alpha-betisch sortiert auf!*
b) *Schreibe die Adjektive in der Grundform und der ge-beugten Form auf!*
c) *Schreibe die gesteigerten Adjektive auf!*
d) *Schreibe die Adjektive mit anderen Nomen auf!*

13

a) *Trage alle Wortschatzwörter ohne Stern in dein Abc-Heft ein! (Arbeitsblatt: Mein Wortschatz)*
b) *Trage wahlweise auch Wörter mit einem und zwei Sternen in dein Abc-Heft ein!*

14

Arbeiten am besonderen Wortschatz, alleine oder mit Partner(n)

Schreibe Wortfelder zu dir wichtigen Wörtern auf!

15

Schreibe Wortfamilien zu dir wichtigen Wörtern auf!

16

a) *Schreibe für dich schwierige Wärter, sortiert nach Fehlerschwerpunkten, in einer Tabelle auf!*
b) *Schreibe zu den schwierigen Wörtern — wenn mög-lich — Reimwörter auf!*
c) *Schreibe unvollständige Wörter vollständig auf! (Ar-beitsblatt: Mein Wort hat „Kopf und Schwanz" verlo-ren!)*
d) *Schreibe die entsprechenden schwierigen Buchsta-ben oder Buchstabenverbindungen in die Lückenwör-ter! (Arbeitsblatt: Darauf kommt es an!)*
e) *Schreibe die entsprechenden, schwierigen Wörter in den Lückentext! (Arbeitsblatt: Diese Wörter muss ich können!)*

17

Schreibe deine Wortschatzwörter nach Diktat!

18

Üben nach Arbeitsplan

Die Kinder wären nun aber überfordert, auf einen Blick auszuwählen, welche Übungen geeignet sind, ihre Ziele zu erreichen. Hier muss man ihnen zunächst Anregungen geben, auf welchem Wege sie ihr selbst gestecktes Ziel erreichen können. Hierzu erstellt der Lehrer einen Arbeitsplan, in dem Schritte zur Erreichung der Mindest- und Höchstleistung enthalten sein müssen, d. h., der Plan muss einen *Pflicht- und* einen *Angebotsteil* aufweisen. Ich hielt in unserem Fall folgende Schritte für Pflicht bzw. Angebot:

Pflicht	Angebot
Nr. 4 a oder Nr. 4 b oder Nr. 5	Nr. 6 a und Nr. 6 b
Nr. 14 a	Nr. 14 b
Nr. 17 a	Nr. 17 d oder Nr. 17 e oder Nr. 18
Nr. 10 oder Nr. 18 *und* 3 Nummern aus dem Angebot	und was du sonst noch machen möchtest.

Bei der Auswahl der Übungen sei darauf zu achten, dass *auch im Pflichtteil Wahlmöglichkeiten* vorhanden sind, die die individuellen Fähigkeiten berücksichtigen. So sind Nr. 4 a und Nr. 4 b leichter zu bewältigen als Nr. 5, ebenso Nr. 18 leichter als Nr. 10. Die Nummern des Angebots sind so angelegt, dass die Wörter mehrfach geübt werden und wiederum auf eine leichtere Art wie in Nr. 6 a und 6 b oder auf eine schwerere Art wie in Nr. 17 d, Nr. 17 e oder Nr. 18. Somit sind auch die schwächeren Kinder motiviert, etwas aus dem Angebot zu wählen, weil sie wissen, dass sie es bewältigen können. *Es kann also jedes Kind auf ihm angemessene Weise zum Ziel gelangen.*
Nun müssen noch für Nr. 5, Nr. 17 d, Nr. 17 e und Nr. 18 Materialien bereitgestellt werden: Nr. 5 ist der Übungstext in Großantiqua. Nr. 17 d ist das Arbeitsblatt „Mein Wort hat Kopf und Schwanz verloren".

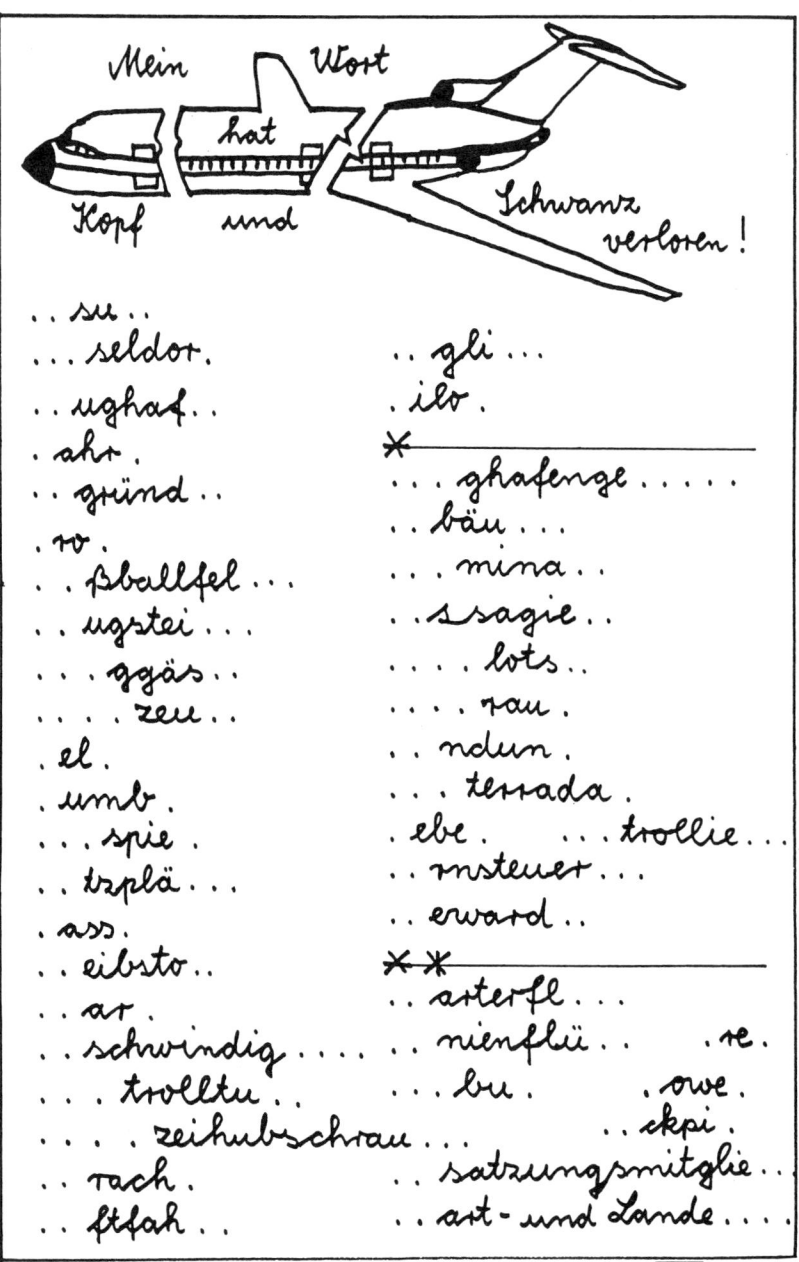

.. su ..
... seldor .
.. ughaf ..
. ahr .
.. gründ ..
. ro .
.. ßballfel ...
.. ugstei ...
... ggäs ..
.... zeu ..
. el .
. umb .
... spie .
.. tzplä ...
. ass .
.. eibsto ..
.. ar .
.. schwindig ....
... trolltu ..
.... zeihubschrau ...
.. rach .
.. ftfah ..

.. gli ...
. ilo .

*_____

... ghafenge .....
.. bäu ...
... mina ..
.. ssagie ..
.... lots ..
.... rau .
.. ndun .
... terrada .
. ebe .   ... trollie ...
.. rnsteuer ...
.. erward ..

**_____

.. arterfl ...
.. nienflü ..   . re .
... bu .   . owe .
.... ckpi .
.. satzungsmitglie ...
.. art - und Lande ....

Darauf kommt es an!

Dü___eldorf

J___r

ge___ündet

gan___

gro___

___u___ba___el

Flu___stei___

Flu___ste

Flu___zeu___

Vtel___

___umbo

Bei___iel

Li___plä___e

fa___t

Trei___sto___

St___t

Ge___indi___keit

Kontro___turm

Polizeihu___auber___

___ache

Luft___t

___lisch

kontro___ren

* Flughafengel___nde

Gel___de

Ter___nal

Pa___a___re

Flugb___sen

Lu___raum

Landu___

Ute___e___ada___

___emst___ung

St___arde___

** ___asterflüge

Lin___flüge

___rbus

Besa___un___mit-

gl___der

___r

J___r

___ockpi___

Sta___- und

Landeb___n

51

Diese Wörter muss ich können!

_____ auf dem

_____ _____

Neulich haben wir den _____

_____. Er wurde schon im _____

1909 _____. 1932 allerdings übernahm

das Militär den _____. Erst nach dem Zweiten

Weltkrieg, 1950, wurde er wieder der Zivil _____

übergeben. Das _____ * _____ ist

so _____ wie 800 _____. In einem

großen * _____, dem * _____,

werden die _____ * _____

für die ** _____ – und ** _____

abgefertigt. Von den _____ aus gelangen

die _____ in die _____. Von

_____ aus starten _____ wie der

** _____, der _____ und die _____

der LTU (Luft-Transport-Unternehmen) in alle

_____.

Ein _____ kostet 130.000.000,– DM. Er hat 500

_____ und 11 ** _____,

die man ** _____ nennt. Überhaupt ist ____-

_____ die _____ der _____. So

heißt der _____, von dem aus die

* _____ den * _____,

** _____. Die Spitze des _____, in der

die _____ sitzen und sich die Flugge-

räte befinden, nennt man ** _____.

52

Ein _____ hat, wenn es auf der 3000 m
langen und 45 m breiten **_____
_____ startet, eine _____
von 280 km/h. Bei _____ und *_____
hilft dem _____ auch der *_____.
Sogar bei dichtem _____ kann geflogen
werden, weil die *_____ 150 km weit
reicht! Ein _____ _____ 140.000 l _____
und verbraucht bei einer Flughöhe von 10.000
Fuß (engl. Maß) und einer _____
von 930 km/h 10.100 l pro Stunde.
Wir haben noch viel mehr gesehen: die
Halle, in der sich die 15 _____
befinden, die automatische Messstation
für Luftverschmutzung und Lärm und
die Lärmschutzwand.
Wer würde gerne _____ oder *_____
werden? Die Ausbildung zum _____
dauert sechs bis sieben _____, die zur
*_____ ein halbes _____. O je,
dann müssen wir aber noch sehr fleißig sein!
Hoffentlich bist du ein Glücks 🐞 !

Nun erhält jedes Kind die Materialien ausgehändigt, die es haben möchte.
Zurückbehalten wird das Material, das zur Selbstkontrolle nötig ist, wie
Textvorlage oder Wortschatzliste. Und jetzt konnte das selbstständige
Üben der Kinder losgehen — der Arbeitsplan leitete sie über mehrere Tage.
(In meinem Unterricht ist der Rechtschreibplan nur ein Teil des Arbeitspla-
nes: er umfasst auch z. B. Übungen zum Lesen, zur Sprachlehre, zur Ma-
thematik und Angebote zur Freien Arbeit. Die Kinder arbeiten täglich zwei
bis drei Stunden daran.)

Leistungsfeststellung:
Langzeitbeobachtung

Diese Arbeit nach Plan hat den Vorteil, dass ich im Zuge der Langzeitbeobachtung immer notieren kann, wie sich ein Kind verhält und was es mit welchem Erfolg bearbeitet. So kann ich notfalls mit Rat und Tat zur Seite stehen, Hinweise geben, einen anderen Lerngang vorschlagen.

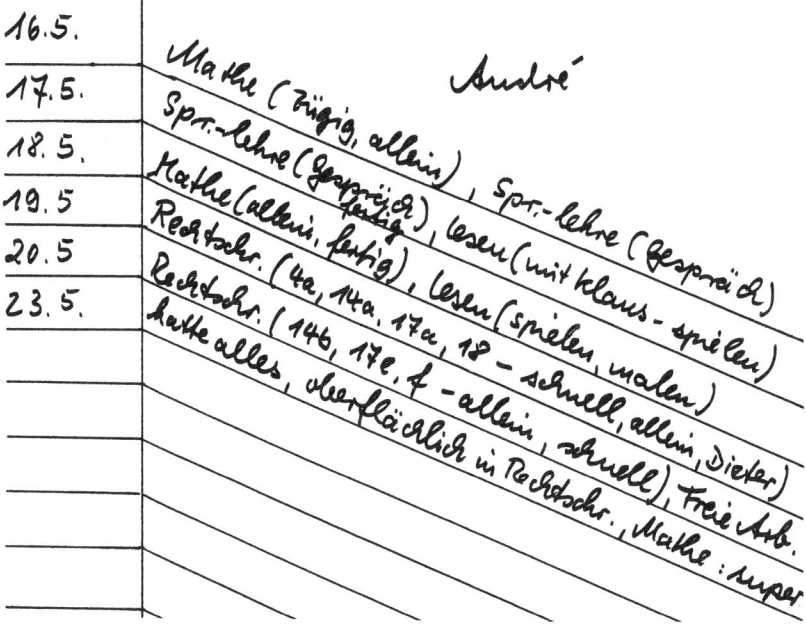

Den Überblick über die ganze Klasse erhalte ich in folgender Liste, in der die Zwischenergebnisse notiert werden. Denn die Kinder wissen, dass sie bei ihrem Lerngang begleitet werden und mir auch immer den jeweiligen Stand ihrer Arbeiten vorzeigen.

Klasse 4b
Rechtschreiben

				Pflicht				angesagt		
	Nr. 4a 1 4b 1 5	Nr. 41ae	Nr. 12a	Nr. 10 1 18	3 Vorgeschichten	Nr. 6a und 6 b	Nr. 14 b	Nr. 13 d 12 f	mündlich mir...	Diktat Text
Thomas	4b/4-	√/2	√/4-	18/5	6a,6 17d,e	6a,6 √/2		17 f	18/4 43/5	
Samira	5/4+	√/1	√/2	10/3-	6a,6 14b,17g			17d,e 7/3 2 nd/2	33/3	
André	40/2	√/1	√/1	18/4 17e,2	14b 17e,2				15 4/4	

55

Der Vorteil einer solch systematischen Notiz liegt auf der Hand. Ich behalte grundsätzlich den Überblick über alle Kinder und kann ganz individuell auf jedes Einzelne eingehen. Zum Schluss der Beobachtungszeit verfüge ich über detaillierte Anmerkungen zu jedem Kind, bin den Eltern jederzeit besser auskunftsfähig und komme aus der Zusammenschau der Anmerkungen — durchaus auch in Form von Zensuren — viel besser, objektiver und leichter zu einer abschließenden Zensurenfindung.

Nur am Rande vermerkt, obwohl wichtiger Bestandteil der gesamten Arbeit, sei darauf hingewiesen, dass die Eltern über eine solche Vorgehensweise immer rechtzeitig und fortlaufend informiert sein sollen. Dadurch vermeiden wir Missverständnisse und jedes Elternteil wird einsehen müssen, dass eine optimale und persönliche Betreuung ihres Kindes gegeben ist.

Später einmal können die Eintragungen von den Kindern selbst vorgenommen werden.

Punktuelle Lernkontrollen

Am Montag der darauf folgenden Woche war die planmäßige Arbeit der Kinder beendet. Auf Grund der Langzeitbeobachtung konnte ich den Kindern raten, ob sie noch ein spezielles Übungsprogramm anschließen sollten oder schon die Lernkontrolle schreiben konnten. In Phasen Freier Arbeit oder der Arbeit nach Plan — und nur so ist eine zeitlich oder auch wie hier inhaltlich differenzierte Lernkontrolle möglich — erhielten die Kinder das für sie angemessene Diktat. Erinnern Sie sich, dass die Wahl zwischen

— der Wortschatzliste,
— dem Grundtext,
— dem erweiterten Text und
— dem Angebotstext

möglich war. Ich gab also einigen Kindern ihr Diktat, während andere in der Freiarbeit oder anderweitig tätig waren. So konnten nach und nach alle Lernkontrollen durchgeführt werden.

Der enorme Vorteil auch zeitlich differenzierter Diktate besteht in der Entritualisierung. Sie nimmt den Kindern tatsächlich die Angst vor dem „großen Augenblick". Zudem habe ich die Diktathefte abgeschafft, in die nur Diktate geschrieben wurden, sondern lasse auch diese Lernkontrollen in das Ringbuch eintragen. Damit wird das Diktat zu *einem* Bestandteil der allgemeinen Rechtschreibleistung.

Da nun die Diktate zu verschiedenen Zeiten vorlagen, konnte ich sie auch zu unterschiedlichen Zeiten auswerten und zurückgeben. Die zeitlich unterschiedliche und persönliche Rückgabe vermeidet die öffentliche Zurschaustellung, die — und sei sie noch so feinfühlig vorgenommen — eine Klassifizierung nicht verhindern kann.

Leistungsbewertung

Nach dem Prinzip der ermutigenden Erziehung muss die Bewertung persönlich ausfallen und den Kindern vermitteln: Üben bringt Erfolg, Anstrengung lohnt sich und ich kann etwas!
Auf Grund der Langzeitbeobachtung weiß ich genau, wie das einzelne Kind zu seinem Ergebnis gekommen ist. Ich weiß, ob es ausdauernd geübt hat oder nicht, ob es sich angestrengt hat oder nicht. Zunächst erfolgte eine Bewertung nach folgendem System:

	Wortschatz- liste (43 W.)	Grundtext (93 W.)	erweiterter Text (115 W.)	Angebots- text (154 W.)
sehr gut	—	—	115-114 W.	154-151 W.
gut	—	93-92 W.	113-112 W.	150-149 W.
befriedigend	—	91-90 W.	111-110 W.	148-147 W.
ausreichend	43-40 W.	89-88 W.	109-108 W.	146-145 W.

Ausgehend von dem erweiterten Text als Durchschnittsanforderung können die Kinder, die den Grundtext schrieben, kein „Sehr gut" erhalten und die, die die Wortschatzliste wählten, außerdem kein „Gut" und „Befriedigend". Die Kinder, die den Angebotstext wählten, erhalten in den einzelnen Zensurenstufen eine größere Spannbreite an richtig zu schreibenden Wörtern.
Ihnen wird aufgefallen sein, dass die Noten „mangelhaft" und „ungenügend" fehlen. Sollte ein Kind nicht zu ausreichenden Leistungen gelangt sein, so erteile ich keine Zensur, sondern beschreibe detailliert, worin die Leistung „Mängel" aufweist oder der Anforderung „nicht genügt" und warum das Kind keine ausreichenden Leistungen vorweisen konnte. Ich möchte generell empfehlen, die Zensur immer mit einem persönlichen Kommentar zu verbinden, der eine Empfehlung für das zukünftige Verhalten einschließt. So wählte ich z. B. die Form eines Briefes, in dem ich den Schüler ganz persönlich anspreche.

Drei Beispiele:

Thomas

> Lieber Thomas,
> du hattest dich für die Wortschatz-
> liste entschieden und von 43 Wör-
> tern 32 richtig geschrieben. Ich habe
> während der vergangenen Woche
> festgestellt, dass du zwar deine
> Arbeiten erledigt hast, jedoch nicht
> gründlich und ausdauernd ge-
> nug. Deshalb zeigen sich in deiner
> Leistung auch noch <u>Mängel</u>,
> obwohl du schon 32 Wörter richtig
> geschrieben hast. Mit mehr Fleiß
> kannst du auch mehr schaffen!
> Sage mir Bescheid, ob du dieses
> Ergebnis verbessern möchtest. Ich
> unterstütze dich dabei!
>   Es grüßt dich,
>   Frau Gräser

Thomas, ein manchmal bequemer und auch leistungsschwankender Schüler, reagierte ärgerlich, kam jedoch am nächsten Tag zu mir und meinte
leicht unlustig, er wolle in der Freiarbeit die Wörter mit mir noch mal üben.

Sandra

Liebe Sandra,
du hattest dich für den Text
mit 93 Wörtern entschieden und
91 davon richtig geschrieben.
Ich stellte während der vergangenen Woche fest, dass du, mal
alleine, mal mit anderen, dich
sehr angestrengt hast. Ich kann
mir vorstellen, dass du über
diese <u>zufriedenstellende Leistung</u>
froh bist. Weiter so!
               Es grüßt dich
                         Frau Gräser

Sandra, ein eher zaghaftes Kind, strahlte über ihr ganzes Gesicht. Sie wurde im Laufe der Zeit zunehmend selbstsicherer.

André

Lieber André,
du hattest den Text mit 154
Wörtern gewählt und 145 davon
richtig geschrieben. Das reicht bei
diesem schweren Text auf jeden
Fall aus. Ich meine jedoch, dass
du, wenn du dich so forderst,
nicht mit zweimal üben aus-
kommst. Überlege dir für
das nächste Mal, ob du
mehr übst und vielleicht den
kleineren Text wählst. Denn
damit kannst du auch eine
gute oder sehr gute Bewertung erlangen.
            Es grüßt dich
                Frau Gräser

André, ein leistungsstarker Schüler, sagte spontan zu seiner Bewertung:
„Das passiert mir aber nicht noch mal!" Damit erübrigt sich jeder weitere
Lehrerkommentar!
Die Bewertung setzt sich mithin aus folgenden Einzelaspekten zusammen:

- sachliche Feststellung über die von einer bestimmten Anzahl richtig geschriebenen Wörter
- in eine Satzformulierung eingekleidete Zensur nach ihrer ursprünglichen Bedeutung
- Hinweise auf das beobachtete, vorherige Arbeitsverhalten
- Empfehlung für das zukünftige Verhalten

Mit diesen Beispielen mag auch der Irrtum ausgeräumt sein, dass die Kinder durch eine differenzierte Leistungsbewertung mit Samthandschuhen angefasst würden und man sich gar nicht mehr traue, streng zu bewerten. Ich behaupte das Gegenteil! Der Lehrer ist viel eher in der Lage, eine fundierte, detaillierte und sachliche Kritik — auch in aller Härte — auszusprechen. Das Kind versteht eine solche Bewertung als logische Folge auf sein Lernverhalten und nicht als Verurteilung seiner Person. Steht ein isoliertes „Mangelhaft" unter seinem Diktat, weiß es nicht, worauf das Mangelhafte zurückzuführen ist und bezieht es im Zweifelsfalle auf seine Person. Kritik soll so angelegt sein, dass sie Orientierungshilfe für zukünftiges Verhalten erschließt (zum Problem der pos. und neg. Kritik siehe: Gräser/Lederer: Störende Schüler — unruhige Klasse, Kösel München 1982, S. 143ff.).

Konsequenzen für den weiteren Unterricht

Berichtigungen haben nur Sinn, wenn die Art der Berichtigung in die Gesamtbewertung mit einfließt. Ob in jedem Fall welche angefertigt werden sollen, bleibt die Frage, denn bestimmte Themen sollten auch klar voneinander abgegrenzt werden und sich in einer Form der Bearbeitung nicht endlos hinziehen. Ich nehme lieber eine Fehleranalyse vor und beziehe diese Kenntnisse in die weitere Planung des Unterrichts ein. So könnte sich ein Fehlerschwerpunkt herausstellen, der die ganze Klasse betrifft oder zumindest den größten Teil. So geschehen in diesem 4. Schuljahr — allerdings nicht nach dem „Flughafentext" –, als die Kinder eines Tages ärgerlich bemerkten: „Immer diese blöden f-Wörter. Man weiß nie genau, ob die nun mit f oder mit v geschrieben werden." Und schon hatten wir ein als nächstes zu bearbeitendes Programm. Dieses spezielle wird im nächsten Kapitel vorgestellt.
Oder man entdeckt bei der Fehleranalyse bei einem einzelnen Kind eine besondere Schwäche, an der gezielt gearbeitet werden muss.

Kollegiale Anmerkungen

Zunächst sei darauf hingewiesen, dass dieses Beispiel aus dem Jahr 1984 stammt und einige inhaltliche Aussagen zum Thema „Flughafen" heute einer Modifizierung bedürften. — Nach wie vor gültig sind jedoch die dargelegten Methoden und Prinzipien des Rechtschreibunterrichts. – Auch zeichnet sich dieses Beispiel durch ein hohes Anspruchsniveau aus. Aus diesen Gründen sei davor gewarnt, es bedingungslos zu übernehmen! Es ist aus der ganz besonderen Unterrichtssituation meiner damaligen Klasse erwachsen. Aus anderen Situationen waren und werden andere, auch leichtere und weniger umfangreiche Vorhaben entstehen, wie die anschließenden Texte verdeutlichen mögen.

Auch kommt es auf Ihre Klasse und auf deren Leistungsstreuung an, wie viele Möglichkeiten inhaltlich differenzierter Diktate Sie den Kindern anbieten. Die Streuung in meiner Klasse machte ein Angebot von der Wortliste bis zum sehr schwierigen Text nötig. Sie brauchen vielleicht nur zwei unterschiedliche Schwierigkeitsstufen. Trotzdem mögen Sie sicherlich noch denken, wie aufwändig eine solche Vorgehensweise doch sei.

Ich muss Ihnen Recht geben. In der Vorbereitung erfordert diese Sache auf den ersten Blick mehr Zeit, als Sie vielleicht gewohnt und bereit sind einzusetzen. Bedenken Sie jedoch, dass die Erstellung des Arbeitskataloges z. B. eine einmalige Angelegenheit ist, auf die Sie immer wieder zurückgreifen können. Auch die Bereitstellung der besonderen Materialien scheint zunächst umfangreicher als sonst üblich. Sie haben jedoch anschließend, wenn die Kinder erst einmal bei der Arbeit sind, über einen längeren Zeitraum hinweg keinerlei Vorbereitungen mehr zu treffen!

Auch das Aufstellen eines Arbeitsplanes will geübt sein und erfordert zunächst, mit der Herstellung aller notwendigen Arbeitsunterlagen, einige Zeit. Welch enorme Vorteile bietet es aber! Während der gesamten Arbeitsphase sind Sie von dem täglichen Druck der Vorbereitung befreit und können sich auf andere Dinge konzentrieren. So haben Sie bestimmt schon manches Mal beklagt, dass Sie zu wenig Zeit haben, sich mit dem einzelnen Schüler zu befassen. Oder – und jeder Lehrer ist ja schließlich auch Privatmensch – ihr Privatleben kommt Ihrer Meinung nach zu kurz. In beiderlei Hinsicht trägt eine solche Arbeitsweise zur Rationalisierung und Entspannung im Schulalltag bei.

Letzteres spüren Sie ganz deutlich, wenn Sie Ihre eigene Befindlichkeit während solcher Phasen beobachten. Sie lernen zunehmend, sich immer mehr aus dem Mittelpunkt des Unterrichts zu entfernen und den Schüler dadurch zum Zentrum des Geschehens zu machen. Sie wechseln von der bestimmenden Funktion allmählich in die beratende, begleitende, Orientierung gebende Aufgabe. Und nicht zuletzt fühlen Sie sich auch bei der Bewertung wohler, wie schon an anderer Stelle aufgezeigt.

Betrachten Sie einmal den Schüler, dann werden Sie auch bei ihm entscheidende Veränderungen bemerken. Er wächst zunehmend in eine Selbstverantwortung hinein in seinem Lern-, aber auch Sozialverhalten. Auch ich hatte große Sorge davor, ob die Kinder diese Freiheiten missbrauchen würden, d. h., ob es Disziplinschwierigkeiten geben könnte. Weit gefehlt! Anfangs müssen sich alle an solche Umgangsformen gewöhnen und es wird vielleicht der eine oder andere Missbrauch vorkommen. Verlieren Sie dabei nur nicht ihr Ziel aus den Augen und betrachten Sie Missbräuche als Übergangserscheinung. Sind alle daran gewöhnt, weil vieles sich ganz von alleine regelt, dann werden alle durch eine entspannte, ruhige, vom partnerschaftlichen Miteinanderumgehen geprägte Atmosphäre belohnt.

Und was Sie bestimmt interessieren wird, weil ja auch Ausgangspunkt dieser Betrachtung, das sind die Leistungskurve und das Leistungsverhalten der Kinder. Sie werden beobachten können, dass sich auch in diesem Bereich positive Veränderungen bemerkbar machen. Leistungsstarke Kinder werden zu noch besseren Leistungen angespornt. Leistungswillige und oft auch -schwache Kinder sind viel eher bereit ihre Pflichten einzusehen und sich mehr als bisher für eine Leistungsverbesserung einzusetzen.

Wagen Sie also den ersten Schritt — wenn Sie nicht schon auf dem Wege sind — und riskieren Sie ruhig den einen oder anderen Rückschlag. Das bleibt nicht aus, wenn Sie neue Wege beschreiten. Sie werden durch mehr Wohlbefinden der Kinder und Ihrer selbst belohnt!

5. „Wörter mit V" — Arbeit an einem Rechtschreibfall mit differenzierten Lernkontrollen

„Immer diese blöden ‚f-Wörter'! Man weiß nie genau, ob sie nun mit F oder V geschrieben werden." Diese Kinderäußerung war Anlass genug, direkt im Anschluss an das Auftreten und Bewusstwerden der Problematik, einen Lehrgang zur Erreichung einer ausreichenden Sicherheit im Schreiben von „v-Wörtern" aufzubauen und durchzuführen. Auch hier ging es neben der eigentlichen Arbeit am Rechtschreibphänomen um die Förderung der Selbstständigkeit, um Selbsteinschätzung, Selbstkorrektur, Nachschlagen und Regelanwendungen.

Zielanalyse im Zusammenhang mit dem Grundwortschatz

Eine Sachanalyse ergab, dass es in der deutschen Sprache nur 12 Wortstämme gibt, die im Anlaut mit „v" geschrieben werden, bei der Aussprache aber wie „f" gesprochen werden:
Vater, ver-, Veilchen, Vetter, Vieh, viel, vier, Vogel, Volk, voll, von, vor.
In den Grundwortschatzsammlungen der verschiedenen Verlage fehlen die Wörter „Vetter" und „Veilchen", auf die man in der Grundschule sicher auch verzichten kann.
Es fällt auch auf, dass zwei Wörter fehlen, mit denen die Kinder immer wieder umgehen: „Vers" und „brav" als einem Wort mit einem „f-Laut" im Auslaut. Ich würde diese beiden Wörter unbedingt trotzdem in den Kanon der „v-Wörter" mit einbeziehen.

Unterrichtsarbeit

Die gemeinsame Unterrichtsarbeit beginnt mit der Motivationsphase zur Vertiefung eines entsprechenden Problembewusstseins. Die Kinder wussten ja schon, welches Ziel erreicht werden sollte.

Konkretisiert wurde das Ziel nun durch ein Rätsel. Das Rätsel kann im Gruppenwettbewerb mit Hilfe des Wörterbuches gelöst werden. Die gefundenen Wörter werden in das Abc-Heft eingetragen und bilden gleichzeitig die Kontrollmöglichkeit bei allen weiteren Übungen.
Nachdem nun die allgemeinen Grundlagen erarbeitet sind, kann differenziert fortgefahren werden. Auch bei dieser Thematik bietet es sich an, die Kinder nach Arbeitsplan in verschiedenen Niveaustufen arbeiten zu lassen. Ich verfuhr ähnlich wie im „Flughafen-Beispiel" dargestellt und suchte Übungen aus, die verschieden an Umfang und Schwierigkeitsgrad aufge-

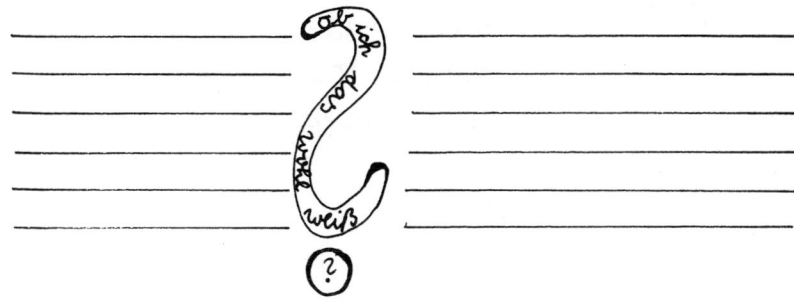

1. Tier mit Federn   :_____
2. deutsches Wort für „Cousin"   :_____
3. große Haustiere (Sammelname)   :_____
4. Menschen eines Landes   :_____
5. kleine blaue Blume   :_____
6. männlicher, enger Verwandter   :_____
7. die Hälfte von „acht"   :_____
8. das Gegenteil von „wenig"   :_____
9. das Gegenteil von „leer"   :_____
10. er kam _____ zu Hause   :_____
11. das Gegenteil von „hinter"   :_____
    — auch eine Vorsilbe
12. eine Vorsilbe, z.B. ____lieren   :_____

1. Teil eines Gedichts   :_____
2. Kinder möchten gerne   :_____ sein!

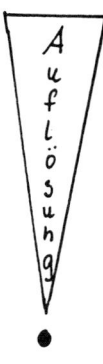

Vater, Veilchen, ver-, Vers,
Vetter, Vieh, viel, vier,
Vogel, Volk, voll, von, vor(-),
brav

Schreibe diesen Merksatz
in der Ich-Form auf dein
Rätselblatt!

Dies sind die 12 Wortstämme (Wortteile) in der deutschen Sprache, die im
Anlaut mit „V" geschrieben werden.
Wenn du sie auswendig weißt,
kannst du bei Wörtern mit einem
„f"-Laut im Anlaut keine Fehler
mehr machen!
Merke dir auch die anderen beiden
Wörter!

Trage nun die 14 Wörter in dein
Abc-Heft ein!

baut sind. Dabei kann man durchaus auf geeignete, kommerzielle Angebote zurückgreifen, unterstützt durch zusätzliche, speziell auf die Kinder ab-
gestimmte, eigene Arbeitsunterlagen.

Differenzierte Lernkontrollen

Für die Lernkontrolle hatte ich einen Text entdeckt, der in der Originalfassung 105 Wörter beinhaltete. Die Quelle kann ich leider nicht mehr angeben, betone aber, dass dieser Text nicht aus meiner Feder stammt. Über die Qualität lässt sich sicher auch streiten, für unsere Zwecke schien er mir jedoch einigermaßen geeignet. Ich habe ihn für unsere Belange abgewandelt, auf 124 Wörter erweitert und mit einer Überschrift versehen, deren Wörter nicht mitgezählt wurden.

Das „v-Diktat"

„Früher trieb sich mehr *Vieh* in den Straßen herum, jetzt mehr *Volk*", meint mein *Vater* immer. „Wenn man die Zahl der Autos heute mit denen *von vor* hundert Jahren *vergleicht*, sieht man, dass auch der *Verkehr* größer geworden ist."
Mein *Vater* hat mir *verboten*, auf der Straße Fußball zu spielen, das sei zu gefährlich.
Ich *verheimliche* nicht, das mich dieses *Verbot verärgert* hat, aber ich muss ehrlich zugeben, dass *Vater* Recht hat.
Ich werde *brav* sein und nicht auf der Straße spielen, deshalb habe ich mich in einem *Verein* angemeldet. Wir *versammeln* uns am Montag und Mittwoch *vor* dem Bootshaus. Ich bin jetzt *volles* Mitglied und fahre im *Vierer* mit Steuermann. Unser Boot heißt „*Sturmvogel*". Ich habe *viel* Spaß beim Rudern.

Dieser Text war den Kindern völlig unbekannt. Ich teilte ihnen wie immer mit, dass sie die Wahl zwischen mehreren Arten von Lernkontrollen hatten. Ich führe nochmals vor Augen, dass die 12 Wortstämme, die zusätzlichen zwei Merkwörter und Transfermöglichkeiten die Mindestanforderung ausmachen. Ob auch ein Angebot für besonders leistungsstarke und -willige Kinder unterbreitet wird, muss selbst entschieden werden.
Ich stelle nun meine Lernkontrollen vor.
a) Den leistungsschwächsten Kindern habe ich lediglich die 12 Wortstämme und die zwei zusätzlichen Merkwörter durcheinander diktiert. Sie mussten außerdem zu jedem Wort mindestens ein passendes Wort aus der Vorstellung dazu schreiben. Es konnten auch mehr sein.
b) Einer anderen Gruppe gab ich den hektografierten Text, allerdings mit Auslassungen bei den entsprechenden Merkwörtern (kursiv gedruckte Wörter). Diese Lücken waren nach Diktat auszufüllen. Im Anschluss daran sollten auch sie zu jedem Wort entsprechende Wörter, mindestens eins, aufschreiben.

c) Wieder eine andere Gruppe erhielt dasselbe Arbeitsblatt, schrieb den Text ab und füllte bei gleichzeitigem Diktat die Lücken aus. Wer Lust hatte, konnte auch noch verwandte Wörter unter den Text schreiben.

d) Sie bekamen den gesamten Text diktiert mit Schreibhilfen wie den Satzzeichen der wörtlichen Rede, dass und das, man, Recht, Vierer (großgeschrieben) und Rudern (großgeschrieben), um die Aufmerksamkeit der Kinder auf unser Rechtschreibphänomen zu beschränken.

e) Schließlich diktierte ich fünf Kindern den Angebotstext ohne Schreibhilfen.

Differenzierte Bewertung

Bei Lernkontrollen im Zusammenhang mit einem Rechtschreibphänomen muss man sich bei der Bewertung besonders den Grundsatz vor Augen halten: Bewertet wird nur das, was vorher erarbeitet und geübt wurde. Das ist in allen anderen Fächern genauso, ganz deutlich im Mathematikunterricht zu verfolgen.

Erarbeitet und geübt wurden die „v-Wörter". Also darf sich die Bewertung nur darauf beziehen.

Fassen wir zusammen, welche Leistungen in den verschiedenen Lernkontrollen erbracht werden mussten oder zusätzlich konnten.

a) Hier handelte es sich um insgesamt 14 „v-Wörter" mit 14 verwandten „v-Wörtern", also 28 plus eventuell zusätzliche Wörter.

b) In diesem Fall mussten 21 „v-Wörter" und anschließend 21 verwandte Wörter, also 42 plus eventuell zusätzliche Wörter auswendig geschrieben werden.

Bei c) müsste zusätzlich zu den 21 Wörtern und getrennt die Qualität des Abschreibens bewertet werden, z. B. „Du hast von den 103 abzuschreibenden Wörtern [⎯⎯] Wörter richtig abgeschrieben, das ist [⎯⎯⎯⎯⎯] (sehr gut, gut, . . .), und von den 21 diktierten „v-Wörtern" [⎯⎯] richtig geschrieben. Dies ist [⎯⎯⎯⎯]."

d) Hierbei waren sechs Wörter mit und 116 ohne Schreibhilfe auswendig zu schreiben. Die darin enthaltene Anforderung entspricht dem normalen Niveau und ist entsprechend zu bewerten, wobei die Anzahl der richtig geschriebenen „v-Wörter" herausgestellt werden sollte.

e) Die Angebotslernkontrolle verlangte das Auswendigschreiben von 124 Wörtern ohne Schreibhilfe. Dieser Tatsache sollte in einer breiteren Streuung innerhalb der Notenstufen Rechnung getragen werden. Auch hier verdient die Anzahl der richtigen „v-Wörter" besondere Beachtung.

	a) 28 Wörter	b) 42 Wörter	c) 21 Wörter 103 abge- schr. Wört.	d) 122 Wört.	e) 124 Wört.
sehr gut	–	–	–	121-122 W.	122-124 W.
gut	–	–	20-21 W. 101-103 W.	119-120 W.	120-121 W.
befriedigend	–	40-42 W.	18-19 W. 99-100 W.	116-118 W.	117-119 W.
ausreichend	25-28 W.	37-39 W.	16-17 W. 97-98 W.	113-115 W.	114-116 W.

Anmerkungen

Auch bei der Arbeit an Rechtschreibphänomenen darf die punktuelle Lern-kontrolle keinesfalls den Schlusspunkt setzen. So sollten die Angebote in der Freien Arbeit „Päckchen" mit Übungen zu den einzelnen Rechtschreib-fällen enthalten, auf die die Kinder immer zurückgreifen können. Und der Lehrer ist in der Lage, bei Wiedererscheinen eines bestimmten Fehlers das Kind auf das passende Material hinzuweisen. Heben Sie also auch alles, was im Unterricht bisher angefallen ist, auf zur späteren Wiederverwen-dung. So haben sich im Laufe der Zeit in meiner Klasse große Aktenordner mit Arbeitsunterlagen in Klarsichthüllen gefüllt, die neben anderem Übungsmaterial von den Kindern in der Freien Arbeit oder bei allgemeinen Wiederholungen mit abwaschbaren Stiften oder im Heft bearbeitet werden können.

Fehleranalysen — eine Planungshilfe für Lehrer und Kinder

1. Fehleranalysen als Planungshilfe – Erfahrungen mit einem Diagnostischen Rechtschreibtest

Überlegungen, die zur Arbeit mit einem Rechtschreibtest führten

Seit Jahren wünsche ich mir bessere Rechtschreibleistungen für viele Kinder, die ich unterrichte. Meine Schule liegt in einem Neubaugebiet, in dem Wohnblocks im sozialen Wohnungsbau überwiegen. Schüler mit sozial bedingten Problemen gibt es nach meiner Erfahrung in unseren Klassen häufiger als in Gegenden mit gewachsener Sozialstruktur. Im Kollegium werden sinnvolle Wege für den Rechtschreibunterricht diskutiert. Geeignetes Material für die Hand des Schülers wird gesucht und vom Etat für Lehr- und Unterrichtsmittel angeschafft. Besondere Anschaffungen (etwa die Freinet-Handdruckpresse) werden vom Förderverein der Schule gemacht. Teilweise wird Material von den Lehrern selbst erstellt. Aber trotz aller Bemühungen, trotz fächerübergreifender Arbeit mit Literatur- oder Sachunterricht, trotz lehrgangsmäßiger Arbeit mit Wortlisten, trotz Freiarbeit mit Rechtschreibübungsmaterial bin ich nicht zufrieden. Ich möchte aber nicht mehr Zeit aufwenden als bisher, Rechtschreiben soll nicht zum „heimlichen Hauptfach" werden! Also suchte ich nach Möglichkeiten, effektiver zu arbeiten. Zu mehr Effektivität wird hoffentlich die Arbeit mit dem Grundwortschatz führen. Seit zwei Jahren arbeiten die Kinder unserer Schule mit einem Grundwortschatz, der in ein Abc-Heft eingetragen wird. Trotzdem bin ich mit der Rechtschreibleistung in meiner Klasse (Anfang 3. Schuljahr) nicht zufrieden. Meine Beobachtung: dass eine ganze Reihe von Kindern häufig Fehler machen, die auf Schwierigkeiten mit der Wahrnehmungsdurchgliederung von Wörtern hinweisen oder mit der Wahrnehmungstrennschärfe. Wie helfe ich sinnvoll bei Wahrnehmungsfehlern? Welche Regelfehler treten gehäuft auf? Ich wollte es möglichst genau wissen. Ich wollte wissen, ob Martins Schwierigkeiten Förderung nötig machen, die über die Möglichkeiten schulischer Förderung hinausgehen. Ob Stefanie und Niko, die gute Leistungen in Mathematik erreichen und geübte Wörter angemessen schreiben können, die bei weniger geübten Wörtern aber viele Fehler machen — ob sie Schwierigkeiten haben, deren Ursache sich festzustellen lohnt. Für Werner wollte ich wissen, wo ich anfangen soll, gezielt zu üben. Seine Rechtschreibprobleme scheinen den Wahrnehmungsbereich und den Regelbereich zu betreffen. Ich wollte wirklich sinnvolle Differenzierung anbieten mit der Arbeit an Fehlerschwerpunkten und es reicht mir nicht mehr, mich auf meine mehr sporadischen Beobachtungen zu verlassen.

Die Auswahl eines Rechtschreibtests und Erfahrungen bei der Auswertung

Bei meiner Suche nach einem geeigneten Testverfahren fand ich zunächst den Aufsatz von Ingrid Naegele: „Möglichkeiten und Grenzen von Testverfahren"[1]. Die Autorin ist der Ansicht, dass es der Kenntnis von Beobachtungs- und Untersuchungsverfahren, wie standardisierte Tests sie bieten, bedarf, um Lernschwierigkeiten von Schülern festzustellen. Sie weist darauf hin, dass Diagnose kein einmalig festschreibender Akt ist, sondern als Prozess gesehen werden sollte. In der Materialübersicht: „Tests zur Lese-Rechtschreibförderung" finde ich für meine Klasse (Anfang 3. Schuljahr) den DRT 2[2]. Er wird zwar nur mit erheblichen Bedenken empfohlen, aber da kein anderer für diese Altersstufe empfohlen wird, entscheide ich mich für diesen Test.

Er liegt in einer Neubearbeitung (1982) vor. Geändert wurde die Normierung – die Normen des alten DRT 2 setzten zu strenge Maßstäbe. Die Fehleranalyse wurde auf ihre Zuverlässigkeit hin überprüft. Der Verlag versichert, dass die durch Fehleranalyse diagnostizierten Fehlerschwerpunkte bei den meisten Kindern recht stabile Merkmale ihrer Rechtschreibschwierigkeiten gezeigt hätten.

Der DRT 2 hat eine doppelte Zielsetzung:
1. Die quantitative Auswertung: Beurteilung der Rechtschreibleistung
2. Die qualitative Auswertung: Bestimmung der Fehlerschwerpunkte als Grundlage eines gezielten Rechtschreibtrainings.

Er kann als Gruppentest eingesetzt werden in der Grundschule (auch in der Sonderschule für Sprach- und Lernbehinderte). Er wird auch als Einzeltest eingesetzt von Heilpädagogen, Psychologen u. a. Für ausländische Schüler weist der DRT 2 gesonderte Normen aus.

Das Testverfahren arbeitet mit einem Lückentext. 32 Wörter zunehmender Schwierigkeit werden nach Diktat in Satzlücken geschrieben. Es liegen zwei Parallelformen gleicher Schwierigkeit vor.

Da der DRT 2 in den letzten 2 Monaten des 2. oder in den ersten 2 Monaten des 3. Schuljahres eingesetzt werden kann, reicht für meine Klasse die Zeit gerade noch. Mich interessiert vor allem die Fehleranalyse als Möglichkeit, gezielte Hinweise für die Förderung einzelner Schüler zu bekommen.

Dem DRT 2 liegt das Fehlerkategoriensystem von Rudolf Müller zu Grunde. Dieses Fehlerkategoriensystem steht nach Naegele und Rathenow[3] zwar

---

[1] Naegele, Ingrid: Möglichkeiten und Grenzen von Testverfahren, in: Naegele u.a., Lese- und Rechtschreibschwierigkeiten Arbeitskreis Grundschule, Beiträge zur Reform der Grundschule Bd. 46/47. Beltz 1981

[2] Müller, Rudolf: Diagnostischer Rechtschreibtest DRT 2. Herausgegeben von Karlheinz Ingenkamp. Beltz 1982

[3] Naegele, Ingrid u. Peter Rathenow: Materialübersicht: Tests zur Lese-Rechtschreibförderung, in: Naegele u.a., Lese- und Rechtschreibschwierigkeiten 1981

im Mittelpunkt einer kritischen Auseinandersetzung, da es wichtige Strukturprinzipien der Sprache zu wenig berücksichtige, aber für die Hilfe bei der Einschätzung von Rechtschreibschwierigkeiten, die ich erwarte, erscheint es mir geeignet.

Das Hauptmerkmal dieser Fehlertypologie ist die grundsätzliche Unterscheidung von Wahrnehmungsfehlern und Regelfehlern. Als dritte Gruppe werden noch Merkfehler diagnostiziert als Falschschreibung sehr häufiger Wörter oder Wortteile.

Wahrnehmungsfehler sind phonetische Fehler. Die Falschschreibung ist akustisch wahrnehmbar. Unterschieden werden in der Neuauflage nur noch die Fehlerart WD (Wortdurchgliederung nicht gelungen) und WT (Trennschärfe beeinträchtigt). Die Fehlerarten werden mit Beispielen einleuchtend beschrieben.

Merkfehler (M) (Speicherfehler). Die Häufigkeit dieser Wörter wurde empirisch überprüft durch die Analyse von 20 der häufigsten Fibeln und Leselehrgänge.

Bei den *Regelfehlern* wird unterschieden in:

Falsche Groß- und Kleinschreibung (G)

Verstoß gegen Dehnungs-/Dopplungs-Regel (D)

Ableitungsfehler (A)

st-Fehler (St) (das Phonem sch vor t und p)

Die Testanleitung für den Lehrer gibt genaue Hinweise für die Durchführung und für die Auswertung des Tests. Bei der Durchführung stellte sich heraus, dass das Eintragen der jeweils fehlenden Wörter in eine Lücke im Satz von allen Kindern schnell verstanden und gut bewältigt wurde. Nur Martin hat alle Wörter großgeschrieben, obwohl dieser Fehler im Beispielsatz nicht vorkam.

Die quantitative Analyse war schnell erledigt. Jedes falsch geschriebene Wort wird als 1 Fehler gerechnet. Eine Normentabelle informiert über einen Prozentrang, eine weitere Tabelle schlüsselt den ermittelten Wert als ausgezeichnet/sehr gut/überdurchschnittlich/schwach/sehr schwach auf. Nach eineinhalb Stunden Arbeit kann ich feststellen, dass Sonjas Rechtschreibleistung als „ausgezeichnet" bezeichnet wird, Sandras Leistung wird als „durchschnittlich" ausgewiesen, die Leistung von Kerstin gilt noch als „durchschnittlich". Das überrascht mich. Die Werte für die ganze Klasse sind schnell errechnet (Fehlerzahl durch die Schülerzahl geteilt), das Leistungsniveau der Klasse kann ich als „durchschnittlich" ansehen. Das habe ich erwartet.

Unverzüglich begebe ich mich an die quantitative Auswertung, sie ist mir wichtiger. Eine quantitative Fehleranalyse wird empfohlen für die Kinder, deren Werte im Bereich „unterdurchschnittlich" liegen, weil nur da Rechtschreibschwierigkeiten anzunehmen sind.

In den Bereich „sehr schwache Leistung" fällt die Wertung für einen Schüler. In den Bereich „schwache Leistung" die Wertung für einen weiteren, in den Bereich „unterdurchschnittliche Leistung" fallen 2 Schüler, deren Ergebnis ich so nicht vorausgesehen hätte. Für drei weitere Kinder, deren Testergebnisse zwar in den Bereich „durchschnittlich" fallen, dort aber in das untere Drittel, möchte ich die Ergebnisse ebenfalls auswerten. Nach einigen Stunden (die ersten Auswertungen waren zeitraubend — inzwischen bin ich geübter) kann ich tatsächlich Auskünfte ablesen, die mir interessant und wichtig erscheinen. Erste Entdeckung: ein deutlicher Fehlerschwerpunkt im Bereich der Regelfehler: die st- und sp-Schreibung beherrschen erstaunlich viele Kinder noch nicht. Das ist mir bei einigen aufgefallen, aber dass es so viele sind, habe ich nicht erwartet. Das kann ein Trainingsprogramm in den nächsten Wochen ändern.

Ratlos macht mich die Feststellung, dass bei 5 Kindern das erstellte Fehlerprofil eine solche Häufung von Wahrnehmungsfehlern aufweist, dass die Wahrnehmungsfähigkeit als unterdurchschnittlich oder sogar als schwach angesehen werden muss. Dazu möchte ich die Beratung einer Schulpsychologin haben. Ich möchte ihre Ansicht darüber hören, wo Defizite sind, die mit ausschließlich schulischer Förderung nicht ausgeglichen werden können, und was sie in den einzelnen Fällen rät. Die Feststellung der Schwierigkeiten im Wahrnehmungsbereich erscheint mir besonders wichtig. Mir wird klar, wie wenig ich über diese speziellen Schwierigkeiten weiß und wie wenig ich in der Lage bin, alleine geeignete Maßnahmen für die Förderung der betroffenen Kinder zu ergreifen.

Gezielte Maßnahmen nach dem Feststellen der Fehlerschwerpunkte im Regelbereich

Ein Beispiel: Sp und St im Anlaut

Wie gut, dass Hinweise auf Fehlerschwerpunkte im Regelbereich ganz deutlich zeigen, was getan werden kann. Gleich am nächsten Tag haben wir über den Unterschied von Lauten und Buchstaben gesprochen. Der sch-Laut wurde plötzlich zu einem interessanten Thema, weil Serge aufschreiben konnte, mit welchem Zeichen er im Russischen geschrieben wird. Für die Schreibung von St und Sp wurden Beispiele gesucht, eine Regel aufgeschrieben, die nun im Heft steht und auf einem Plakat in der Klasse hängt (Vor p und t steht immer S). Aus dem Wörterbuch wurden sp- und st-Wörter herausgeschrieben. Einige Kinder konnten in der Zeit „Freiarbeit" machen. Sie haben diese Wiederholung nicht nötig.

Werner hat im Test alle sp- und st-Laute mit Sch geschrieben. Jetzt sieht seine Liste mit sp-Wörtern so aus, dass sie kaum zu lesen ist. Er schreibt noch wenig klar gegliedert. Seine Handschrift erschwert das Speichern richtiger Wortbilder. Mir fällt ein, dass wir vor einige Wochen eine alte Schreibmaschine geschenkt bekommen haben. Ich biete Werner die

Schreibmaschine an. Er soll eine Liste von sp-Wörtern aus dem Wörterbuch abtippen. Wir verabreden, dass er die Liste zu Hause aufhängen kann und draufschauen, wenn er unsicher ist. Es stellt sich heraus, dass er Geschick besitzt für den Umgang mit der Schreibmaschine. In erstaunlich kurzer Zeit lernt er, auf dieser alten Maschine, die keine Randeinstellung mehr hat, sp-Wörter sorgfältig untereinander zu schreiben. Für die Korrektur hole ich ihm Tipp-ex-Blättchen aus dem Büro. Als ich zurückkomme, hat er bereits den Feststeller für die Großbuchstaben entdeckt. Eine ganze Stunde arbeitet er konzentriert und hoch motiviert. Er übersieht fast keinen Tippfehler, kontrolliert ganz genau und ist selbst außerordentlich zufrieden, als die erste Seite fertig ist. Er fragt, ob er in der „Freiarbeit" weitermachen kann, und wir besprechen, dass kein anderes Kind mit der Maschine arbeiten soll, bis Werner mit seiner Liste fertig ist.

Für die anderen Kinder, die zusätzlich Übung mit diesem Rechtschreibphänomen brauchen, finde ich zunächst einige Übungen in unserer Freinet-Rechtschreibkartei (Freinet-Kooperative, Bremen). Sie ist nach Fehlerschwerpunkten geordnet und lässt sich gut gezielt einsetzen. Stefanie u. Niko bekommen ebenfalls Übungskarten mit Sp oder St im Anlaut. Die Karten liegen jeweils in einem Plastikkörbchen im Regal bereit und gelten für das betreffende Kind als „Pflichtprogramm" in der Freiarbeit. (Nach der Erledigung des „Pflichtprogramms" wird ein „Kürprogramm" gewählt.)

Einige Wörter mit Sp oder St im Anlaut wurden in unser Abc-Heft eingetragen. Dieses Heft wird für unterschiedliche Übungen herangezogen. In der nächsten Woche werde ich mit einem kleinen Testdiktat überprüfen, wie sicher die Schreibung der geübten Wörter gelingt. Die Kinder, die mit Sp und St im Anlaut dann gut zurechtkommen, werden die Schreibung des Lautes im Wortinnern wiederholen.

Bei meiner Suche nach geeignetem Material für die Arbeit an Fehlerschwerpunkten stelle ich fest, dass es noch wenig wieder verwendbares Material gibt, das sich gezielt einsetzen lässt. Für die weitere Arbeit — als nächsten Fehlerschwerpunkt wird eine ganze Reihe Kinder in der Klasse im Bereich Dehnung — Doppelung arbeiten, stelle ich geeignetes Material zusammen.

Was tun bei Wahrnehmungsfehlern?

Für die 5 Kinder, deren Fehlerprofil im Wahrnehmungsbereich deutliche Schwächen aufweist, möchte ich sinnvolle Maßnahmen planen. Ich denke, ein Gespräch mit einer Schulpsychologin kann mir helfen, Fehleinschätzungen zu vermeiden, Fehlerprofile angemessen zu interpretieren und Maßnahmen zu ergreifen, mit denen den Kindern geholfen wird.

Ein Gesprächstermin wurde vereinbart, die Schulpsychologin nahm sich sehr viel Zeit, um meine Testunterlagen anzusehen und gezielte Maßnahmen für die 5 Kinder, deren Schwächen im Wahrnehmungsbereich unterschiedlich gravierend sind, mit mir zu planen.

Für Martin und Niko vereinbarten wir, dass ich den Eltern nahe lege, den Schulpsychologischen Dienst am Ort aufzusuchen. Bei beiden Kindern liegt der errechnete Prozentrang im Wahrnehmungsbereich unter 25. Genauer: bei Martin liegt er bei 6, bei Niko bei 18. Ich erfahre, dass LRS-Schwäche bescheinigt wird, wenn der PR-Wert unter 15 liegt oder unter 25, das wird unterschiedlich gehandhabt. Martins Eltern können damit rechnen, dass eine LRS-Therapie von der Krankenkasse oder vom Sozialamt bezahlt wird, wenn sie bereit sind, den Schulpsychologischen Dienst in Anspruch zu nehmen. Das zu sehen würde aber auch heißen, dass sie lernen müssten, Martins Schwierigkeiten zu sehen, die aus der Sicht der Psychologen, wenn keine körperlichen Ursachen vorliegen, ein Symptom für innere Nöte des Kindes sind. Um die Mutter auf das Gespräch mit den Schulpsychologen vorzubereiten, empfehle ich ihr ein für Eltern geschriebenes Buch, in dem die Lese-Rechtschreib-Schwäche nicht als sinnlose Störung einer Teilleistung angesehen wird, sondern als ein Hilferuf des Kindes. Das Buch warnt vor sinnloser häuslicher Übung und zeigt anhand von Fallbeispielen, wie der verborgene Sinn des Symptoms entschlüsselt werden kann und wie Hilfe möglich ist.[1]

---

[1] Grüttner, Thilo: Legasthenie ist ein Notsignal, rororo Elternrat, Reinbek 1982

Auswertung der qualitativen Fehleranalyse „Niko"
Erklärung der Abkürzungen:
Wahrnehmungsfehler: WD Wortdurchgliederung nicht gelungen
WT Wahrnehmungstrennschärfe beeinträchtigt
Regelfehler: G Groß/Kleinschreibung
D Dehnung/Doppelung
A Ableitung
St st, sp als scht, schp geschrieben
Auswertung: RW Rohwert entspricht der Fehlerzahl
PR Prozentrang zeigt den Vergleich des RW mit der Eichstichprobe an (Vergleich der individuellen Leistung des Kindes mit den Leistungen einer Vergleichsgruppe)

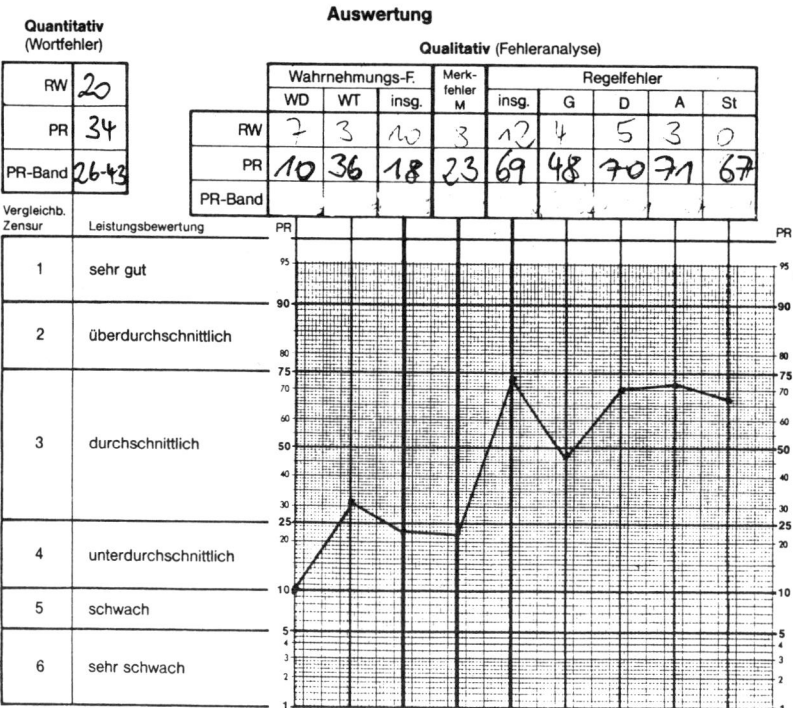

Auswertung

Quantitativ (Wortfehler)

RW	20
PR	34
PR-Band	26-43

Vergleichb. Zensur

Qualitativ (Fehleranalyse)

	Wahrnehmungs-F.			Merk-fehler M	Regelfehler				
	WD	WT	insg.		insg.	G	D	A	St
RW	7	3	10	3	12	4	5	3	0
PR	10	36	18	23	69	48	70	71	67
PR-Band									

Vergleichb. Zensur	Leistungsbewertung
1	sehr gut
2	überdurchschnittlich
3	durchschnittlich
4	unterdurchschnittlich
5	schwach
6	sehr schwach

Niko neigt dazu, sich zu überfordern. Er verlangt sich Höchstleistungen ab und kann nicht gut aushalten, wenn ein anderes Kind in der Klasse „besser" ist. In Mathematik kann er den eigenen Vorstellungen fast entsprechen, aber im Sprach-Bereich werden seine Leistungen, mit denen anderer Kinder verglichen, nicht seinen Vorstellungen entsprechen. Wie gut, dass es bisher nur Diktate gegeben hat, in denen die Kinder ihre Fehler selbst korrigieren konnten. Niko hat noch keine schlechte Zensur bekommen. Er braucht Hilfe. Gut wäre, wenn er lernen könnte, seine Schwierigkeiten beim Rechtschreiben (sie liegen, wie das Fehlerprofil zeigt, vor allem im Bereich der Wahrnehmungsgliederung) zu akzeptieren als etwas, woran gearbeitet werden kann. Er müsste lernen, nicht mit Ärger und Verletzung darauf zu reagieren, dass er etwas noch nicht kann, was andere schon können. Ich nehme an, dass seine Eltern, denen sein etwas verbissener Arbeitseifer schon Sorgen macht, bereit sein werden, sich an die schulpsychologische Beratungsstelle zu wenden. Ich werde versuchen in der Klasse Gespräche zu führen, die ihm zeigen, wie andere Kinder mit ihren Schwierigkeiten zurechtkommen, und ich werde ihm sagen, dass ich ihn mag.

Mit der Schulpsychologin habe ich überlegt, dass Niko auf spielerische Übungen zur Wahrnehmungsdurchgliederung von Wörtern eher ungehalten reagieren wird, wenn er den Eindruck hat, das sei „Kinderkram". Er wird also „ernsthafte" Aufgaben bekommen. Zunächst darf er eine Geschichte, die er geschrieben hat, mit der Freinet-Druckerpresse drucken. Der intensive handelnde Umgang mit den einzelnen Blei-Buchstaben, die zu Wörtern zusammengesetzt und spiegelbildlich angeordnet werden, wird wichtig für ihn sein. Die Arbeit mit der Handdruckpresse macht genaues Wahrnehmen nötig und manuelle Tätigkeit, die hilft, die Durchgliederung konkret zu vollziehen. Andere Möglichkeiten wären die Arbeit mit der Schreibmaschine oder mit einem Stempel-Druckkasten.

Um Niko in der Schule helfen zu können, möchte ich mehr wissen über die Entstehung seiner Schwierigkeiten. Ich möchte auch wissen, welche Vorteile und welche Nachteile wird es geben, wenn er eine Bescheinigung über Lese-Rechtschreib-Schwäche bekommt. Auf Anraten der Psychologin lese ich: „Jedes Kind kann lesen lernen" von Helga Breuninger und Dieter Betz[1]. Die Autoren machen verständlich, wie eine Lese-Rechtschreib-Schwäche entstehen kann und welche Folgen sich daraus ergeben können für das Selbstwertgefühl des Kindes. Das Buch gibt pädagogische Hilfestellungen für Eltern und Lehrer. Es zeigt Übungsmöglichkeiten auf, versucht aber vor allem, bei Lehrern und Eltern eine grundlegende Einstellung zu erreichen, die dem Kind Verständnis entgegenbringt. Die Autoren sehen die Schule als „unumgängliche Arzenei" an, die jeder Schüler braucht in unterschiedlicher Dosierung und Zusammensetzung, damit das Medikament die beste Wirkung und möglichst keine unangenehmen Nebenwirkungen zeigt. Die Ratschläge für Lehrer umfassen „Hilfen zur Verbesserung des Selbstwertgefühls schwacher Schüler" und Übungen, die die Voraussetzungen für Lesen und Schreiben sichern helfen.

---

[1] Breuninger, Helga, Dieter Betz: Jedes Kind kann schreiben lernen. U & S Pädagogik Weinheim u. Basel 1982

Für Niko sind mir die Argumente der Autoren für und gegen seine Bescheinigung der LRS wichtig. Mir ist klar, dass es Schüler geben kann, für die diese Bescheinigung eine Entlastung bedeutet. Die Erlasslage schreibt die Bescheinigung vor, wenn auf Noten verzichtet werden soll und wenn zusätzliche Förderung etwa vom Sozialamt bezahlt werden soll. Für Martin nehme ich an, dass diese Entlastung sinnvoll wäre. Bei Niko sind die Schwierigkeiten weniger groß und ich befürchte, die Bescheinigung einer LRS würde für ihn eine Stigmatisierung bedeuten, deren negative Folgen größer wären als Förderungserfolge. Ich nehme an, dass die Möglichkeit, ihn im Unterricht zu fördern, ausreichen wird. Er arbeitet mit Begeisterung und es wird sicher möglich sein, mit den Eltern sinnvolle Übungsmöglichkeiten zu besprechen, die die Beziehung zu den Eltern nicht belasten. (Etwa hin und wieder einen Brief auf der Schreibmaschine schreiben, Wahrnehmungsspiele, die ein Elternteil mitspielt . . .)

Weitere differenzierte Maßnahmen, die für einige Kinder geplant sind, sehen folgendermaßen aus: Stefanie und Kerstin werden Lautwahrnehmungsübungen machen. Dazu eignen sich verschiedene Spiele, die im 1. Schuljahr eingesetzt waren, dann aber aussortiert wurden, z. B. „Sprich genau — Hör genau“. Otto Maier, Ravensburg.

Weitere mögliche Übungen für die Fähigkeit zur Lautauffassung und Lautwiedergabe finden sich in den „Handreichungen Lesenlernen 1“[1]. Für beide Kinder bietet sich auch die Arbeit mit der Schreibmaschine oder dem Stempel-Druckkasten an.

Für Sascha, der viele Merkfehler gemacht hat, werden 2 Spiele eingesetzt, die die Fähigkeit zur Formauffassung und Formwiedergabe trainieren: „Schau genau“ und ein Memory (O. Maier, Ravensburg). Die Arbeit wird aber nicht viel Erfolg bringen, wenn Sascha nicht lernt, aufmerksamer und mit etwas mehr Verantwortung an seine Arbeit zu gehen. Er vergisst nicht nur Wortbilder, er vergisst auch sonst so ziemlich alles, was er behalten sollte. Er weicht Arbeitsanforderungen gerne aus und er könnte den Einsatz der Spiele missverstehen. Ich werde mit ihm darüber sprechen und versuchen, die Eltern zu gewinnen für ein kleines Programm zur Förderung seiner Bereitschaft, selbstständiger zu werden und Verantwortung zu übernehmen. Nach geeigneten Trainingsmöglichkeiten für Schwierigkeiten im Bereich der Wahrnehmungsdurchgliederung und der Wahrnehmungstrennschärfe werde ich weiter Ausschau halten.

Damit die Kinder die für sie geplanten Differenzierungsmaßnahmen ausführen und nicht vergessen, fertige ich für jedes betroffene Kind einen Pappstreifen an, auf dem der Arbeitsauftrag steht. Die Arbeitsaufträge werden mit Decefix auf den Tisch geklebt und in der „Freiarbeit“ als Erstes erle-

---

[1] Lesenlernen Teil 1. Handreichungen für die Grundschule. Landesinstitut für Curriculumentwicklung. Neuss 1981 (jetzt Soest)

digt. Der Zeitpunkt, zu dem sie durch einen neuen Auftrag ersetzt werden, ist entweder festgelegt, weil die Aufgabe erledigt ist, oder er wird mit dem Kind besprochen.

2. Kinder arbeiten am eigenen Fehlerprofil

Im nächsten Halbjahr werde ich die Anregung der Kollegin Monika Seidel aufgreifen und die Kinder meiner Klasse Rechtschreibübungen selbstständig planen lassen nach dem Kennenlernen des eigenen Fehlerprofils. Die Kollegin plante für ein rechtschreibschwaches 4. Schuljahr die Arbeit am eigenen Fehlerprofil, um eine bewusstere Haltung ortographischen Problemen gegenüber zu erreichen, um Eigenverantwortung für gezielte Übungen anzuregen und um Erfolgserlebnisse und Fortschritte nach einem vierwöchigen Training zu ermöglichen.
Der Arbeit am Fehlerprofil war ein Test vorausgegangen (DRT 4-5). Die diesem Test zu Grunde liegenden 18 Fehlerkategorien wurden auf 4 Kategorien reduziert, damit die Arbeit für die Schüler nicht zu schwierig wurde:

— Fehler bei Groß- und Kleinschreibung
— Fehler bei Dehnung und Dopplung
— Verwechslung ähnlich klingender Laute
— Ableitungsfehler

Die Schüler lernten zunächst, Wörter aus ihrem Test, deren Rechtschreibschwierigkeit den oben angegebenen Kategorien entsprach, zuzuordnen, wobei das betreffende Wort in eine Spalte auf einem Plakat eingeordnet wurde. Aus den gemeinsam eingeordneten Wörtern erstellte die Lehrerin ein erstes Fehlerprofil.
Der Vorgang wurde von den Kindern gut verstanden. Zwei fiktive Fehlerprofile machten dann den Fehlerstand vor und nach vierwöchiger Übungszeit deutlich. Die Schüler waren in der Lage, Fehlerschwerpunkte zu erkennen und den Fortschritt nach 4 Wochen festzustellen. Die Aussicht, mit dem eigenen Fehlerprofil zu arbeiten, wurde interessiert und teilweise begeistert angenommen.

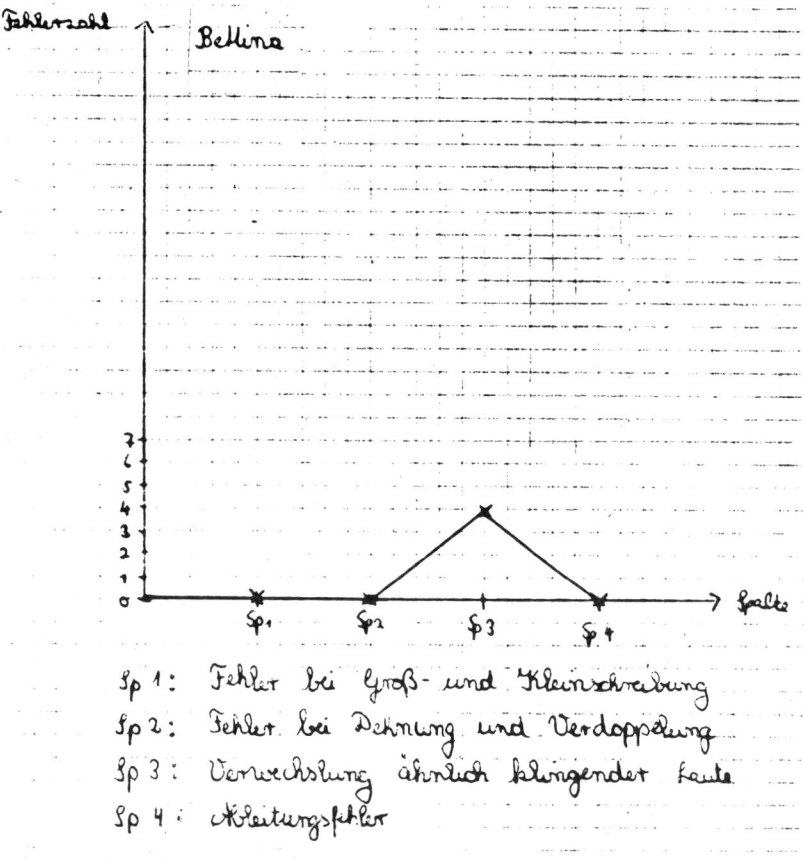

Fehlerzahl ↑ — Bettina

7
6
5
4
3
2
1
0 — — — — — — → Spalte
          Sp 1   Sp 2   Sp 3   Sp 4

Sp 1: Fehler bei Groß- und Kleinschreibung
Sp 2: Fehler bei Dehnung und Verdoppelung
Sp 3: Verwechslung ähnlich klingender Laute
Sp 4: Ableitungsfehler

Nach dem Austeilen der eigenen Fehlerprofile ergab sich eine sachliche Auseinandersetzung mit den eigenen Fehlerschwerpunkten:

Bettina: Ich habe einen Fehlerschwerpunkt bei „Verwechslung ähnlich klingender Laute".

Michael: Ich habe die meisten Fehler bei „Dehnung und Verdopplung".

Markus: Bei mir ist es einmal wie bei Bettina und dann noch bei „Fehler bei Groß- und Kleinschreibung".

Knut: Mein Fehlerschwerpunkt liegt bei Spalte 1, bei „Fehler bei Groß- und Kleinschreibung".

Oliver: Bei mir ist es wie bei Knut.

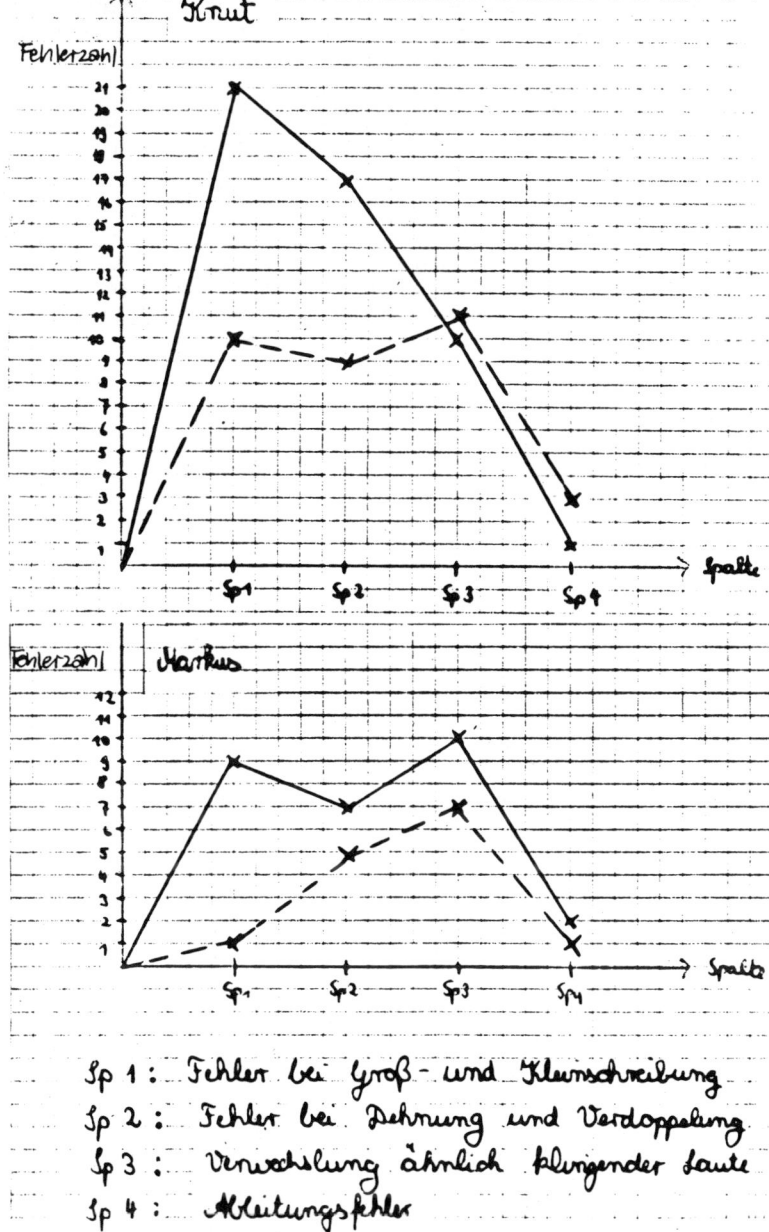

Sp 1 : Fehler bei Groß- und Kleinschreibung
Sp 2 : Fehler bei Dehnung und Verdoppelung
Sp 3 : Verwechslung ähnlich klingender Laute
Sp 4 : Ableitungsfehler

Bei diesem Gespräch spielte keine Rolle, dass Bettinas Fehlerprofil nur insgesamt 4 Fehler aufweist und das von Markus mehr als 20. Es bestand keine Scheu, über die eigenen Schwierigkeiten zu sprechen. Wie geübt werden könnte, sollten die Schüler zunächst selbst in Gruppen überlegen. Sie wussten, bis zum nächsten Test sind 4 Wochen Zeit. Der Umgang mit Rechtschreib-Übungsmaterial in der „Freiarbeit" war ihnen vertraut. Ihre Vorschläge wurden von der Lehrerin aufgenommen. Zusätzliches Übungsmaterial wurde angefertigt und besorgt. Vier Kästen wurden eingerichtet. Mit den Kindern wurde besprochen, dass, falls das Fehlerprofil mehr als einen Fehlerschwerpunkt zeigt, zuerst gezielt an einem Schwerpunkt gearbeitet wird. Vier Wochen wurde in der „Freiarbeit" gezielt geübt und dann konnten zufriedene Kinder nach einem erneuten Test (DRT 4-5 Ausgabe B) auf ihrem ersten Fehlerprofil als gestrichelte Linie die „Erfolgskurve" betrachten, die den Übungserfolg nachwies.

Literatur

Horst Bartnitzky/Reinhold Christiani: Zeugnisschreiben in der Grundschule
— Hilfen zur Schülerbeurteilung ohne und mit Zensuren. Erweiterte Auflage:
Heinsberg (Agentur Diek) 1994
Hier werden die Grundlagen der Pädagogischen Diagnostik praxisbezogen
dargestellt und auf die verschiedenen Anwendungsbereiche hin konkretisiert. Hierbei wird deutlich, dass die Pädagogisierung der Leistungsbeurteilung zwar auch ein Problem im Bereich Rechtschreibunterricht ist, aber
darüber hinaus ein grundsätzliches Anliegen bedeutet. Für die einzelnen
Bereiche (Arbeits- und Sozialverhalten, Mathematik, Rechtschreiben,
Sprachgebrauch usw.) werden spezifische Orientierungen und Hilfen gegeben.

Ingrid Naegele/Renate Valtin (Hg.): Rechtschreiben und Rechtschreibunterricht. Überarbeitete Neuauflage: Frankfurt (Arbeitskreis Grundschule) 1994,
als Band 56/57 der Reihe Beiträge zur Reform der Grundschule
In diesem Sammelband werden Grundsatzfragen erörtert (neue didak-
tisch-methodische Ansätze), Schwerpunkte der didaktischen Diskussion
praxisorientiert dargestellt (Übung, Diktat u. a.) sowie die Arbeitsmaterialien
für den Rechtschreibunterricht aufgelistet und z. T. auf Konzept und Taug-
lichkeit hin beurteilt.

Ingrid Niedersteberg: Aufbau eines Grundwortschatzes: Klasse 1 und 2.
Berlin (Cornelsen Scriptor) 1986
Die Überlegungen zur grundwortschatzorientierten Arbeit im vorliegenden
Buch orientieren sich an dieser Veröffentlichung: Eine Grundschullehrerin
stellt dar, wie in den ersten Klassen der Grundschule ein klasseneigener
Grundwortschatz aufgebaut und wie der Rechtschreibunterricht, bezogen
auf diesen Wortschatz, gestaltet werden kann.

Gisela Süselbeck: Aufbau eines Grundwortschatzes: Klasse 3 und 4. Berlin
(Cornelsen Scriptor) 1996
Der Band setzt für die Klassen 3 und 4 die Wortschatzarbeit von Ingrid Nie-
dersteberg fort.